Georges LOISEAU-BAILLY

Statuaire

DE

Paris à Carthage
par ROME

NOTES D'ART ET DE VOYAGE

illustrées de 28 croquis par l'auteur

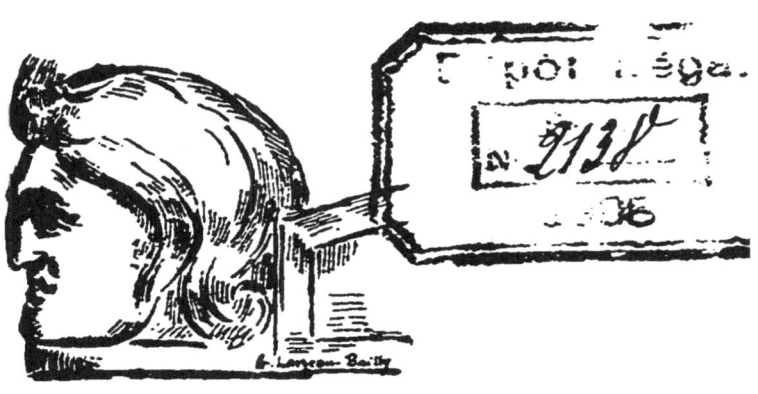

PARIS
TYPOGRAPHIE GAUTHERIN
286, rue de Vaugirard, 286
—
1908

AU LECTEUR

Les Notes d'Art et Impressions de Voyage qui composent ce livre, ont été prises et jetées sur le papier, au cours d'une mission artistique du Gouvernement, accomplie par l'Auteur, en Italie, en Sicile et en Afrique.

Ces Notes d'Art ont été réunies en un volume illustré de croquis, pris et exécutés rapidement, comme le texte, sans prétention, sans autre souci que de traduire aussi fidèlement que possible par la plume et par le crayon, les sensations d'art de l'Auteur.

Georges Loiseau-Bailly, statuaire, entreprit il y a quelques années, avec enthousiasme, ce qu'il appelle si bien un Pèlerinage d'Art au pays rêvé des artistes, l'Italie.

Puissent ces Notes d'Art, *être lues et intéresser ceux qui n'ont pas eu, comme lui, la bonne fortune de visiter cet immense Musée qu'est l'Italie, d'admirer ses chefs-d'œuvre, et laisser dans leur esprit un peu de la jouissance artistique qu'il éprouva lui-même devant ces sublimes Écoles italiennes qui enfantèrent d'immortels génies, de même que son voyage en cette curieuse et mythologique Sicile.*

En outre, dans De Paris à Carthage par Rome, *l'Histoire y figure à côté de l'Art; l'Auteur y fait preuve d'une érudition fort agréable qui complète heureusement ses* Notes d'Art.

Cet ouvrage est également un guide parfait qui vous conduit d'un chef-d'œuvre à un beau site ou à une curiosité, et cela toujours accompagné d'intéressantes remarques.

En résumé, ce livre, imprimé à un petit nombre d'exemplaires, est un véritable régal aussi bien pour le touriste que pour l'artiste et nous souhaitons sincèrement qu'il soit apprécié comme il le mérite.

A. G.

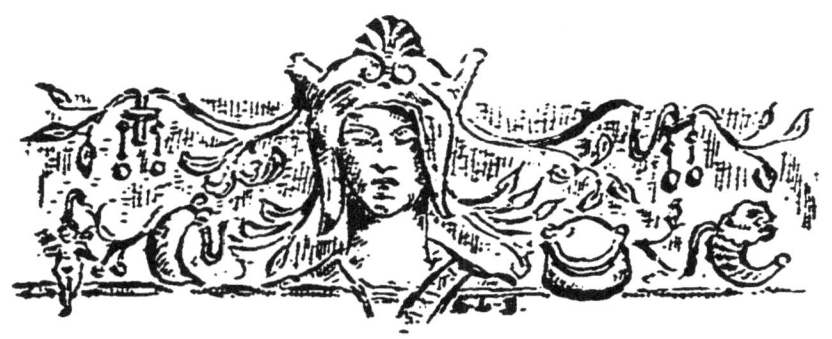

De Paris à Carthage
par ROME

NOTES D'ART ET DE VOYAGE

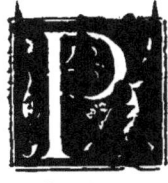ARIS... Arrêt à Dijon. Revoir nos robustes Bourguignons, leur glorieux palais ducal, Notre-Dame, la délicieuse église gothique et son portail si original surmonté de Jacquemard sonnant pacifiquement ses heures!... A minuit. le train nous emporte à nouveau, toujours plus loin, au pays rêvé, l'Italie, pèlerinage d'art !

Bourg (Ain). Le jour commence à poindre, la journée promet d'être magnifique, la chaîne du Jura est bleue et sombre. elle se silhouette sur le ciel du matin rose, orange pâle; l'on pourrait prendre ces montagnes pour de gros nuages barrant le ciel, si ce n'étaient leurs arêtes régulières; dans la Savoie, les Alpes, même en pleine lumière, me donnent aussi cette impression.

A Ambérieu, le paysage devient très accidenté; il fait grand jour. Le train file à toute vitesse, permet cependant de voir l'Innimont, chaîne de montagnes d'où pointe le Molard du Don (1.500 mètres d'altitude). Nous entrons dans la vallée du Rhône en suivant la belle rivière blanche, l'Albarine, nom très doux, et la route, toutes deux resserrées entre de hautes montagnes agrestes et sauvages; des blocs de rochers énormes, roulés au pied de ces monts, surtout près du petit lac des Hôpitaux, donnent encore plus de caractère à ce paysage bouleversé. Plus loin sont les rochers des Moines et Saint Rambert, entre deux monts à pic; de grandes cascades tombent avec fracas.

Tenay et ses toits plats; adieu nos grands toits bourguignons! Artemare, puis Culoz, dans une très jolie vallée, dominée par le Grand Colombier et le château de la Fléchière, flanqué sur son rocher verdoyant. Le train franchit le Rhône sur le beau pont de Culoz.

Les montagnes de la Suisse sont très près de nous; nous entrons en Savoie. Le train nous emporte rapidement; nous passons au pied de la colline de Châtillon dont on aperçoit le château, et nous voici au lac du Bourget, immortalisé par Lamartine.

Les tunnels se succèdent. Sur l'autre rive, l'abbaye célèbre d'Hautecombe se reflète dans le lac : Là reposent les comtes de Savoie. Les monts se perdent dans les nuages; de temps à autre, les dents aiguës les traversent, effet imposant et splendide ! Puis, après avoir traversé les tunnels des Grands-Rochers, de la Colombière, de Grésine, par une grande courbe nous arrivons sous le coteau de Saint-Innocent, où gîtent quantité de lapins angoras dont les fourrures sont très appréciées des baigneurs d'Aix.

♥

Six heures du matin. Nous arrivons à Aix-les-Bains. Repos à l'hôtel. Puis excursion à Marlioz, établissement de bains, dans un magnifique parc orné de très beaux arbres et d'où l'on jouit d'un superbe panorama.

En face de soi, la verdoyante colline de Tresserves et les grands monts au-dessus du lac du Bourget, dont le plus élevé est la Dent du Chat, en face d'Aix. Puis, nous faisons l'excursion si charmante de l'observatoire de Tresserves. Une jolie route serpente et monte jusque-là ; nous longeons le mur de l'église et descendons un petit sentier dominant le lac. C'est à cet endroit que Lamartine composa son poème *le Lac*.

La vue est de toute beauté autour de ce grand miroir entouré de hautes montagnes et tout baigné de soleil. Nous descendons ce très poétique sentier et bientôt côtoyons le lac.

Alors le coup d'œil est absolument féérique : A gauche, les Alpes ; à droite, la Suisse ; en face, toute la chaîne de la Savoie. De petits, très petits voiliers passent au loin ; de jolis villages blancs sont piqués sur le flanc des montagnes, se reflètent dans l'eau très limpide. A nos pieds, de petites vagues viennent clapoter contre les roches ; enthousiasmés, nous continuons et rentrons à Aix.

Je fis cette promenade en compagnie de M. Paul Aubé, le grand statuaire. Homme charmant, nature très fine, et très distingué.

♥

A 4 heures, départ pour Chambéry. Quelques instants après, nous sommes dans la capitale de la Savoie.

Le lendemain, c'est un dimanche.

Dès le matin, nous nous promenons en ville; les petites Savoyardes passent très coquettes, mais plus de costumes. La tradition en est perdue et bien perdue, même en Savoie, — sauf quelques grand'mères qui ne peuvent se séparer de leurs coiffes.

Nous arrivons au vieux château, très vaste et très intéressant; il doit être du xie siècle. Une énorme tour carrée, surmontée de machicoulis et dominée par une tourelle ornée de lierre et de plantes grimpantes, est du plus bel effet. Nous entrons dans la cour du château : D'un côté, un grand édifice moderne, la Préfecture; de l'autre, la Sainte-Chapelle. De la place, cette construction gothique et le château sont d'un ensemble curieux. La concierge ou gardienne nous fait monter par un très bel escalier au sommet de la grosse tour ronde. De là, la vue s'étend, admirable. Nous revoyons un instant, et avec plaisir, notre beau lac du Bourget, la Dent du Chat, la Croix du Nivolet qui domine d'une hauteur vertigineuse la ville, à 1.645 mètres d'altitude, les Alpes de la Maurienne, de la Tarentaise, les Bauges, la Motte et le massif de la Grande-Chartreuse.

C'est vraiment admirable !

Notre cicerone nous dit en montrant le massif de la Grande-Chartreuse : « En trois heures on peut y aller ; » puis nous indiquant quelques villages dont les clochers brillent au soleil : « C'est là le chemin... »

En quelques instants, nous sommes sur ce chemin et marchons. Quelques paysans, allant à Chambéry, nous renseignent un peu mieux : « La Grande-Chartreuse se trouve loin ; en huit heures on peut y arriver, mais en connaissant bien les sentiers !

Nous rentrons en ville et prenons tout simplement le chemin de fer pour Saint-Béron. C'est ce qu'il y avait de mieux à faire.

La Grande-Chartreuse

10 heures du matin. Nous prenons donc la ligne de Chambéry à Lyon traversant des sites sauvages : Cascades, ravins, etc., entr'autres la cascade de Gouzon, passant sous le pont du chemin de fer en un torrent furieux.

Un tunnel de trois kilomètres et nous sommes près du lac très charmant d'Aiguebelette, aux deux îlots tout verdoyants ; puis, nous arrivons bientôt à Saint-Béron pour remonter dans la diligence de Saint-Laurent-du-Pont. Trois chevaux fringants partent au son de leurs grelots ; après bien des circuits, nous arrivons dans les gorges de Soyes. La route descend et au grand galop nous serpentons le long d'un ravin au fond duquel coule le Guiers-vif, à une profondeur prodigieuse.

Enfin, nous arrivons dans la vallée, côtoyant toujours le torrent qui bondit de rocs en rocs ; La vue s'étend, splendide, sur le massif de la Grande-Chartreuse. Le conducteur nous désigne le Grand-Som près duquel se trouve le couvent; on croit y être, mais quinze ou vingt kilomètres de route nous séparent encore de celui-ci.

Les Échelles, un quart d'heure d'arrêt. Nous remontons et arrivons à Saint-Laurent; depuis quelques instants nous sommes dans l'Isère, Grenoble n'est pas éloigné. Deux heures d'arrêt; midi et demie; heure du déjeuner et repas bien gagné.

Après le déjeuner, une autre voiture, faisant le service de Saint-Laurent à la Grande-Chartreuse, nous reprend; la route monte presque tout le temps, longeant le Guiers-mort : Pourquoi mort ? Est-ce pour sa vivacité ? Les monts deviennent très élevés, très resserrés et à pic, couverts de grands sapins au-dessus desquels plane l'aigle. Près d'un pont, l'eau tombe en cascades. eau d'un beau vert émeraude, quelquefois jaune, d'une limpidité parfaite.

Nous laissons à notre droite la grande distillerie des Chartreux, puis entrons dans le *Désert*. Le torrent est à une grande profondeur et à pic; il bondit à travers d'énormes roches tombées du haut de la montagne; c'est fantastique. Nous traversons deux tunnels, montons toujours en lacet.

Quel grand calme! Quelle majesté! Écrasés par la grandeur muette de cette admirable nature, enfin nous apercevons les flèches du couvent.

Sur la route, un Chartreux, dans son très beau costume blanc. marche à grand pas; il est vieux. porte sa barbe toute blanche et. dans ce grand cadre, il est très beau, il est très grand.

La Grande-Chartreuse.

Nous descendons. Nous sommes à une altitude élevée; les moines ont créé cependant de vastes prairies artificielles sur le flanc de la montagne.

Cette Chartreuse, fondée en 1082 par saint Bruno, supprimée en 1793 et rétablie en 1816, est considérable. Une foule de clochetons. de flèches, de toits couverts d'ardoises aux arêtes dorées, de vastes bâtiments admirablement construits donnent noble aspect à la Grande-Chartreuse, encadrée tout autour par de hautes montagnes.

Nous nous dirigeons vers l'entrée. On sonne. Un Père nous reçoit et nous fait visiter le monastère, l'église, quelques salles ornées de portraits de moines, abbés, généraux, etc. La bibliothèque, d'une grande richesse, le cloître et le cimetière sont très curieux. Ce moine est très gai et même assez facétieux, en nous expliquant les choses intéressantes du couvent.

Les voyageurs passant la nuit se font inscrire près du frère hôtelier, ce qui fut notre cas, et, en attendant le second dîner, à 8 heures du soir, nous faisons une promenade en dehors du monastère. Certains maris vont consoler leurs femmes qui ne peuvent, hélas! entrer, et sont logées, à deux pas de là, chez des religieuses. A notre retour, nous prenons deux verres de chartreuse; régulièrement on ne doit en prendre qu'un.

Dîner. Table d'hôte maigre.

Neuf heures. Nous nous rendons dans nos cellules respectives, toutes simples; mobilier *ad hoc*; celle où je suis donne sur une cour où babillent deux petits jets d'eau, seul bruit au milieu de cette solitude, si ce n'est de temps à autre le tintement de la cloche sonnant des exercices ou offices.

Nous désirions entendre matines à 11 heures 1/2 du soir; un religieux vient frapper aux portes des voyageurs qui ont demandé d'assister à cette cérémonie;... il s'éloigne en frappant toujours, et je n'entends plus rien.

La tribune de l'église se trouve près de nos cellules. Avec le moins de bruit possible je me glisse jusque-là; on n'y voit goutte. Enfin, on allume dans le chœur deux ou trois veilleuses. Les Chartreux arrivent chacun avec une lanterne comme des fantômes tout blancs; s'étant rendus à leur place, ils chantent matines d'une voix lente et grave, chants bien psalmodiés et finale toujours en mineure. Les novices sont séparés par une grille.

Bref, très fatigué, je reviens à ma chambre et m'endors dans le grand calme. A 8 heures 1/2 du matin, je vais encore à l'église entendre la messe chantée magistralement, largement et simplement en plain-chant, cette admirable langue religieuse. Les novices, toujours séparés, ne chantent pas; ils prient profondément; gestes soumis, humbles et sévères.

Je quitte la tribune réservée aux curieux, aux profanes, aux voyageurs, et nous allons faire une ascension. Nous passons à la chapelle de saint Bruno et grimpons un chemin très escarpé, très raide, au milieu des bois aux teintes de commencement d'automne.

Nous arrivons à une petite prairie qui doit être ensevelie de longs mois sous la neige ; là se trouve une bergerie-habitation, la Ruchère. Un vieux brave homme orné d'un goître magnifique, et son fils restent là, ils font des fromages pour les Chartreux ; de petites croix sont fichées au faîte des toits.

Impossible d'avoir du lait sans un ordre du supérieur.

Nous continuons encore plus haut, jusque près d'une croix de bois ; il y en a sur toutes les hauteurs. Nous sommes dans les nuages : Ils vont, ils viennent autour des pics désolés. Quelques éclaircies nous laissent distinguer un panorama très beau du côté du Chambéry. Mais il faut redescendre et vite déjeuner et partir.

Nous faisons nos adieux à la Grande-Chartreuse et en route pour Saint-Béron. Nous revoyons avec plaisir tout le chemin parcouru, cascades, torrents, précipices effrayants.... et Saint-Laurent-du-Pont.

A présent, 1907, les moines sont expulsés, plus rien. Je dis que c'est regrettable, et très regrettable. Ceci dit pour les artistes ou les personnes de pensées artistiques ou religieuses.

Une charmante jeune fille était venue avec sa mère jusqu'au monastère espérant retrouver une affection. Parti, hélas! Parti! Tout le long du trajet, la maman nous conta cette aventure : Sa fille, très musicienne.... fille d'un officier supérieur,.... que sais-je?.... Pauvre enfant! Encore une illusion de moins.

Nous quittâmes ce pseudo duo d'amour déçu et à 2 heures nous étions à Saint-Béron, à 4 heures à Chambéry.

Avant le dîner, nous faisons une dernière excursion aux Charmettes. Une très jolie petite route mène à cette propriété, pleine de souvenirs historiques. Ce fut là que Madame de Warens accueillit et recueillit Jean-Jacques Rousseau; elle aima beaucoup cet homme si maltraité par le sort, « son enfant », il lui disait « maman ».

Dans cette petite maison simple on voit encore la vieille salle à manger, les chaises de cette époque, au-dessus la chambre à coucher de Madame de Warens et son oratoire, la chambre de Jean-Jacques et son cabinet de travail, la table où tant de belles pages furent pensées et écrites.

De sa fenêtre, la vue s'étendait, magnifique, sur les Alpes, sur le lac du Bourget, sur les hautes cîmes des monts de la Savoie; et, tout autour de la maison, de belles vignes formant charmilles, un jardin en longueur que Jean-Jacques se plaisait à cultiver; puis, un promenoir plein de verdure et, sous les ormes s'entrelaçant, tout au fond, un vieux banc de pierre où je m'assis pensant à cette vie si agitée de Rousseau, à ses Confessions. Puis nous revenons à Chambéry.

Pour la dernière fois nous jetons un long regard du côté d'Aix, de son beau lac,... et le lendemain matin, à 7 heures, nous quittions la Savoie pour l'Italie.

La Maurienne. - Saint-Jean-de-Maurienne
Sous le Mont-Cenis.

Jusqu'à Saint-Jean-de-Maurienne, le paysage est fort tourmenté et très pittoresque. Les montagnes sont élevées et escarpées; nous sommes en plein dans les Alpes.

Nous laissons Blanchenot, le Mont-Joigny, le col du Frêne, le Mont-Granier et la Haute-Chaîne qui domine l'Isère à droite. Rapidement nous entrevoyons le sanctuaire de Notre-Dame de Myans au sommet d'un côteau dominé par le Granier. Une Vierge Noire y est en grande vénération. Les tours de Chignin à gauche, puis Challes-les-Eaux caché derrière la montagne.

Nous longeons la montagne de la Thuile, et à droite la grande vallée du Grésivaudan. Puis Montmélian, renommé par ses vins. Je ne sais comment ces montagnards font pour cultiver leurs vignes plantées sur le flanc de ces montagnes à pic; c'est étonnant. Parfois ce sont également des champs bien cultivés et très élevés. Quelle race solide !

A 8 heures du matin, nous sommes à Cruet au pied des dernières pentes du Charvay. Saint-Jean-de-la-Porte et le très intéressant château-fort de Miolans, dominé par les cîmes de l'Arclusaz et de l'Arménaz. Nous traversons l'Isère, puis un tunnel, et arrivons à Chamousset.

C'est en sortant de cette station que l'on peut bien juger du château-fort de Miolans, en ruines, planté au-dessus d'un rocher à pic, de 250 mètres de haut, et que l'Arclusaz domine encore d'une hauteur prodigieuse.

Charles III en fit un obstacle sérieux, défendant la vallée de l'Isère. Ce fut longtemps la Bastille de Savoie. Richelieu y enferma le Père Monod, et le roi de Sardaigne en usa de même avec le marquis de Sade; celui-ci s'échappa avec ses draps tressés en corde et se laissa glisser le long du rocher. Rien ne manquait dans cette Bastille : Cachots, oubliettes, etc.

Grésy, au milieu d'arbres très verts, jette une note gaie à côté de cette forteresse sauvage et fière.

De Chamousset à Modane nous suivons l'Arc et la Maurienne; passons à Aiguebelle parmi des prairies marécageuses et près des hautes cîmes des Banges, dont le col de Tarnié n'est pas à moins de 1.330 mètres de hauteur.

D'Aiguebelle nous coupons une grande chaîne montagneuse qui va du Mont-Blanc aux pitons de Belledone et du Taillefer. De ci de là quelques ruines de forteresses. La vallée se rétrécit. Mines de fer. De petits wagonnets descendent les pentes rapides et le minerai est emmené au Creusot.

Après avoir franchi l'Arc sur un pont en biais, nous sommes à Epierre. A ce qu'il paraît les ours sont fréquents dans ses parages. C'est possible. En fait d'ours, deux affreux types, un nain et une fille hideuse tendaient la main à travers la barrière de la gare ; le nain chantait ! Nous quittons cette vision, traversons torrents, tunnels.

Voici le Grand-Miceau et le grand clocher du Frêne, à 2.084 mètres. Les montagnes se rapprochent de l'Arc et deviennent des plus sauvages. Torrents, tunnels se succèdent encore; chaos, blocs énormes éboulés, et Pontamafrey avec sa chapelle assise sur un énorme roc, tout couvert de verdure, et autour duquel coule le torrent. C'est merveilleux !

Le château-fort en ruines de Figuy, sur une pointe de rocher; la vieille tour de Saint-André et le ravin au fond duquel coule l'Arvan; enfin, Saint-Jean-de-Maurienne.

♥

Nous quittons notre express pour voir une ville bien triste, entourée d'un cercle de montagnes. Cependant là nous eûmes le plaisir de voir nos troupiers, tout couverts de poussière, revenant des manœuvres.

La cathédrale, belle église de campagne. A l'entrée, un tombeau en plâtre, mausolée du comte Humbert-aux-Blanches-Mains.

Vingt-deux stalles en bois, assez ouvragées, et le reliquaire en pierre, très fouillé, contenant, à ce qu'il paraît, un doigt de saint Jean, d'où Saint-Jean-de-Maurienne, quelques restes de peintures murales, et un tombeau du XVe siècle.

Le cloître, composé de colonnettes et ogives en gypse, est intéressant.

Dans l'église Notre-Dame, dont le portail est du XIIIe siècle, notre attention est attirée par de vieilles lanternes bariolées que l'on porte dans les processions. Un christ, également très enrubanné : tout cela barbouillé de couleurs des plus criardes.

Enfin, nous allons à l'hôtel. L'écurie de cet établissement est tout simplement une très curieuse chapelle, très étroite, très basse, aux colonnes doriques et arcs surbaissés. Quel luxe ! Nous déjeûnons et reprenons le chemin de la gare, laissant cette ville un peu négligée et peuplée en partie de malheureux goîtreux.

♥

A 1 heure, en route pour Modane et Turin. A mi-chemin de Saint-Jean-de-Maurienne et de Saint-Michel, la ligne franchit le torrent du Claret ; à gauche sont de grands pics nus et gigantesques ; le col des Encombres à 2.400 mètres. Avant d'arriver à Saint-Michel, nous franchissons un étroit défilé, le Pas-du-Roc : Chemin de fer, rivière et route sont côte à côte. Un fort se trouve tout là-haut, au-dessus de la crête, à 1.636 mètres. C'est effrayant.

Jusqu'à Modane le sol est des plus tourmenté. Deux machines nous hissent; la voie monte de 30 $^m/_m$ par mètre. La vallée de l'Arc devient très étroite; l'on traverse toute une série de tunnels; nous passons et repassons l'Arc, et arrivons à la belle cascade de la Praz. Elle est magnifique, cette cascade, de tonalité surprenante sur des effets de rocs de couleurs variées. Là, vue sur le Mont-Fréjus couvert de neige. Encore des tunnels: puis le torrent de Charmaix, dont la force motrice fait mouvoir des machines pour la ventilation du grand tunnel.

Modane. Tout le monde descend. Nous passons à la douane italienne; donc, branle-bas général. Une heure et demie de formalités. Nous remontons dans un train italien.

De Modane, la ligne va en serpentant jusqu'à l'entrée du grand tunnel. Nous dominons Modane à 40 mètres de haut. Deux kilomètres plus loin, encore Modane. Nous passons sous deux petits tunnels, dont le plus long a 1.600 mètres environ.

Avant d'entrer sous le Mont-Cenis, nous jetons un long regard sur l'imposant massif des Alpes, sur la France que nous quittons pour de longs mois et, pendant trente minutes, plus rien;... la nuit. Nous sommes sous le fameux tunnel du Mont-Cenis ou plutôt du Mont-Fréjus qu'il faudrait dire; enfin, qu'importe? En ces trente minutes, nous faisons 13 kilomètres 671 mètres, à une altitude moyenne de 1.290 mètres, et 1.800 mètres de roches au-dessus de nous.

Enfin, voici la belle lumière du jour. L'Arc est déjà loin derrière nous; nous entrons dans la vallée également très accidentée de la Dora.

Nous sommes en Italie. Première station : Bardonecchia !

Si d'Aix à Modane la ligne passe par une série de paysages alpestres très curieux, la descente de la voie ferrée, en Italie, présente également un caractère sauvage et agreste; les travaux d'art jetés sur les ravins sont innombrables et d'une hardiesse étonnante.

Donc, à la sortie de Bardonecchia, la vue s'étend, magnifique, sur les pics les plus élevés des Alpes. Nous suivons à peu près le cours de la Dora-Riparia, à 1.250 mètres d'altitude. Après le tunnel des Royères, on arrive à Beaulard. Il est 4 heures, heure de Rome.

Oulx, 4 heures 10. Nous passons sur un viaduc de quinze arches.

De Sulbertrand à Chiomonte, le pays est des plus accidenté et très sauvage; puis la série des tunnels, une bonne douzaine se succèdent.

Nous arrivons au pont de Combescura, de 56 mètres de portée, jeté sur un vrai précipice, à 50 mètres de hauteur. Au fond de ce ravin, le torrent roule des blocs de rochers, les eaux de Clarea se précipitent d'une hauteur de 2,000 mètres, — c'est splendide, — du Mont-Ambin jusqu'à Chiomonte. A 5 heures nous entrons dans cette gare.

Très belle vue sur les glaciers Roche-Melon et Roche-Michel, dans la Novalaise, et sur la route du Mont-Cenis avec ses grands lacets. Du haut nous apercevons la ville de Suse. Dix tunnels se succèdent encore avant Meana.

Nous traversons la Dora pour arriver à Bussoleno à 5 heures 20.

Un château féodal en ruines s'élève au-dessus de la rivière, sur un rocher, et, à droite, au faîte d'une haute montagne, l'abbaye de Saint-Michel, très curieusement perchée à une altitude prodigieuse.

La vallée s'élargit passé San-Ambrogio; nous voici à Aviglia, près de Rivoli, et à 6 heures à Alpignano. Nous sommes dans la grande et belle vallée du Pô.

Enfin, après un voyage fantastiquement beau, nous pénétrons dans la gare monumentale de Turin, Porto Nuovo.

TURIN

Turin est une très grande ville, très moderne, ancienne capitale du royaume sarde. Les rues se coupent à angles droits; ceci est fort apprécié des gens qui vont vite en affaires, aussi beaucoup de commerce, de circulation, surtout le soir, Turin étant brillamment éclairé à l'électricité.

La principale promenade des habitants et des étrangers est la rue du Pô, ornée d'arcades et de grands magasins. Tramways électriques, à vapeur, vont en tous sens, du centre de la ville jusqu'à ses extrémités. Une grande gaieté règne partout : Exubérance italienne !

Comme monuments vraiment artistiques, il y en a peu. Ceux qui le sont frisent le style rococo. Exemple, l'Église Royale, toute chargée de fioritures dorées, mais rien de grand, rien d'imposant. Le seul monument ancien digne d'être apprécié serait le Vieux Château et sa grande place, *Piazza del Castello*.

Le Vieux Château, dénommé le Palais Madame, du XVe siècle, fut la résidence de la duchesse de Nemours, veuve de Charles-Emmanuel II. Il est construit tout en briques et cette tonalité rousse est très curieuse.

A côté, le Palais Royal, orné d'une grande grille en fer et de deux statues équestres. Du reste, beaucoup de statues à Turin, entre autres une allégorie sur le percement du Mont-Cenis. *les Titans écrasés par la Science* : Amoncellement de rocs qui écrasent des figures grimaçantes en bronze. Peu intéressantes toutes ces statues.

J'ai le regret de n'avoir pu visiter le Musée; mais, vraiment, ce manque d'art me fit quitter Turin le lendemain matin.

Avant de partir, nous faisons une promenade le long du beau fleuve, le Pô : Magnifique vue sur les collines environnantes; sur la Superga (650 mètres d'altitude), à 8 kilomètres de Turin, grande basilique, nécropole des rois sardes.

En ville, certains souvenirs sur le séjour du Tasse, de Jean-Jacques Rousseau qui y fut domestique, — et abjura la religion calviniste à

San-Spirito, en 1728, — de Cavour, le grand politique italien.

♥

A 2 heures, nous quittons Turin et le Piémont pour Milan.

Nous entrons dans les grandes plaines de la Lombardie. Encore un regard sur les Alpes, que nous fuyons, le Mont-Blanc, et les glaciers du Mont-Rose, etc.

Chivasso, embranchement pour Aoste; Santhia; puis, les grandes plaines monotones plantées de mûriers se suivent. Vercelli, où Marius défit les Cimbres.

Nous franchissons la Sesia, qui descend du Mont-Rose, et Novare. La cathédrale de cette ville, surmontée d'un dôme très hardi, du XVIe siècle, se silhouette bien ; ce dôme est très élevé.

5 heures 1/2. Nous traversons le Tessin sur un très beau pont, près de la route, passons à Turbigo, Magenta : Souvenirs historiques; défaite des Autrichiens par les Français, en 1859; près de la voie, une pyramide élevée par les Italiens aux soldats français tombés là... Quelques maisons de Magenta sont encore criblées de balles et de boulets.

Peu après, nous entrons dans la splendide gare de Milan.

MILAN

Milan. Très grande et superbe ville, fort différente de Turin, cependant on commence à la moderniser. Là, beaucoup plus de monuments véritablement artistiques; même des vestiges romains, de très anciennes églises, telle que Saint-Ambroise et son atrium, fondés en 387; à l'entrée sont quelques tombeaux, des fresques de Luini, de Borgognone; dans l'abside, de vieilles mosaïques.

Saint-Ambroise est une très curieuse basilique des premiers temps et cent fois plus intéressante que le Dôme ou cathédrale, avec sa forêt de clochetons, ses 3,000 statues d'un gothique très douteux; travail gigantesque, soit, mais sans la grande envergure des cathédrales de Paris, Chartres, Sens.

Nous allons nous remettre de cette forêt d'aiguilles de marbre à Santa-Maria delle Grazie; au réfectoire se trouve l'immortel chef-d'œuvre de Léonard de Vinci, *la Cène*, fresque. Malgré

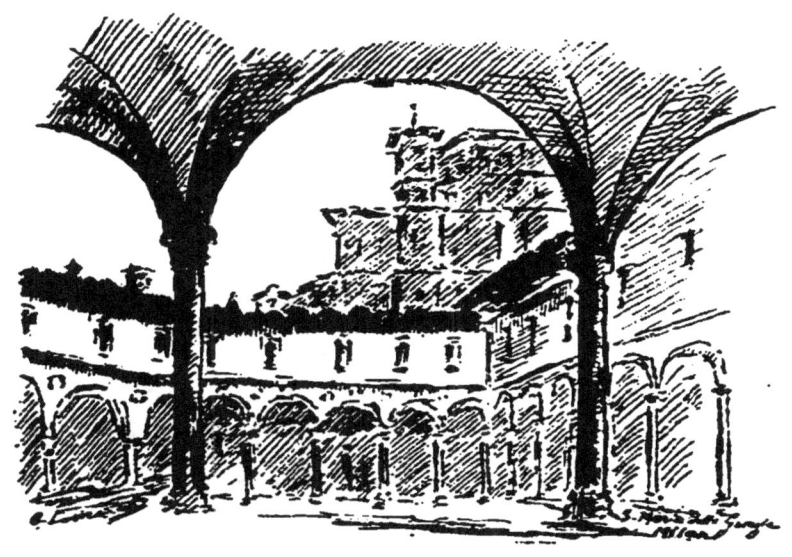

les grands ravages, les retouches, quelle admirable beauté se dégage encore de tous ces personnages, quels beaux mouvements et quelle élévation de sentiment ! On regarde, on entre dans le sujet, on est avec les personnages et, là, on passe des heures dans un rêve exquis.

Quel homme, ou plutôt quel dieu que ce florentin !

Peintre, sculpteur, architecte, ingénieur. Attiré à Milan par Louis le More, comblé par

Louis XII, appelé en France par François Ier, Vinci meurt à Cloux, près d'Amboise, en 1519.

Qui ne se souvient de *la Belle Ferronnière* et surtout de Mona Lisa del Giocondo *(la Joconde)*, au Louvre? Quelle pureté de lignes, quel modelé et quel admirable sentiment troublant dans ce tableau !

Des fresques, il y en a partout, à Milan, dans toutes les églises, et souvent de très belles : Celles de Luini, de Borgognone, sont admirables. Bernardino Luini, quel grand peintre également! A Saronno, près de Milan, là, il est dans toute sa grandeur. Je reviendrai sur cette promenade, à 20 kilomètres environ de Milan.

La Brera, le superbe Musée de Milan (palais des Lettres, Sciences et Arts). Nous entrons dans les grandes galeries de peinture *(Pinacothèque)*.

Je ne parlerai que de quelques œuvres principales; tout est beau dans ce musée et il faudrait plus d'un mois pour étudier sérieusement ces chefs-d'œuvre d'écoles diverses, et un gros volume pour en donner la description.

D'abord, Léonard de Vinci, considéré comme chef de l'école lombarde, dont nous avons décrit *la Cène*, et son principal élève ou disciple, Bernardino Luini, représenté à la Brera par des fresques de toute beauté : Dessin, charme dans l'expression, harmonie de couleur. Entre autres : Une *Sainte Catherine* mise doucement au tombeau par deux anges; une *Sainte Famille* adorable.

Une autre *Sainte Famille*, de Borgognone : La Vierge et l'Enfant, accompagnés de deux anges jouant d'une sorte de guitare; les têtes sont admirables. La tête de la Vierge dénote une douleur résignée, également celle du Christ enfant; tableau sublime de composition, de couleur et de science.

Un *Noé ivre* et un tryptique de Luini très curieux, et tant d'autres !

Voici, dans les mêmes salles, Tossano, Tanzio, Comgliano; une *Vierge*, de Palmigiano, dont la tête est remarquable; puis Bellini avec une *Prédication devant Saint-Marc* où se meut une foule de personnages; Tintoret, Véronèse, Bordone. Du Tintoret, une *Descente de Croix*; le Christ est superbe. Une tête de *Vieux Juif*, du Titien, admirable. Un *Saint Jérôme*, de Ribera; à remarquer la main tenant la tête de mort, d'un coloris étonnant.

Bref, une foule de chefs-d'œuvre de toutes les écoles d'Italie, d'Espagne, de Flandre, sans compter les estampes, dessins, etc., etc.

De là, nous passons à la *Pinacothèque Am-*

broisienne où se trouvent les cartons de l'École d'Athènes, de Raphaël, les cartons de Léonard de Vinci, des Luini, Ferrari, des esquisses originales, des caricatures par Léonard de Vinci, des Dürer, etc.

Visite au *Musée Poldi Pezzoli*, dans un hôtel superbe. Collections d'objets d'art de toutes époques, très remarquables, et quelques chefs-d'œuvre peints de l'école italienne, puis une salle d'armes.

Visite à différentes églises : Saint-Ambroise dont j'ai déjà parlé; d'autres très anciennes, San-Lorenzo octogonale et à coupole, peut-être bâtie sur des thermes romains.

Saint-Georges renfermant des Luini.

Le Grand-Hôpital (renaissance), fondé par les Sforza. Le château des Visconti et des Sforza. San-Marco, toute en marbre et ornée de fresques. Le cimetière, immense; au fond, le temple de la crémation; toutes les tombes en marbre, décorées de sculptures italiennes modernes, c'est-à-dire mauvaises.

♥

Le 13 septembre nous prenons le tramway à vapeur; pendant deux mortelles heures nous longeons la route poussiéreuse qui va de Milan à Pavie, passant par Binasco et la Chartreuse, à 2 kilomètres de la route, route à travers un pays plat, des plaines plantées de mûriers et couvertes de rizières.

La Chartreuse de Pavie

Bien différente de nos Chartreuses de France, presqu'un palais de marbre des plus somptueux; fondée au XVe siècle par Galéas Visconti, à présent monument national.

La façade, toute de marbre; des sculptures à profusion; dans la base, des médaillons d'empereurs romains qui ont grand caractère, même très curieux comme patine: rose, noire, ivoire; les bas-reliefs aux tons jaunes; les fenêtres (renaissance) très ornementées, têtes d'anges d'une finesse charmante.

Les chapelles, entourées généralement de panneaux décoratifs de Luini Borgognone. Un tryptique ivoire orné d'une foule de sujets; dans le bas, des hauts-reliefs. Les bénitiers en fer forgé et appliques en cuivre. La porte d'entrée de la sacristie est en marbre superbe.

Chœur. Derrière chaque stalle, portraits en marqueterie. La grande porte d'entrée en bois toute sculptée. Le tombeau de Galéas Visconti. Dans la sacristie neuve, de magnifiques tableaux de Luini.

Autour du petit cloître, colonnettes de marbre ornementées et terres cuites. De là on jouit d'une belle vue sur l'église. Le grand cloître composé de vingt-quatre cellules très spacieuses, avec cour et jardin; le cimetière se trouvait au milieu.

Bref, un véritable musée, orné de tableaux de maîtres, tous très intéressants et magnifiques.

Nous quittons ce remarquable édifice de la Renaissance à 11 heures, et allons à pied jusqu'à Torre, sur la grande route, et déjeûnons à l' « albergo della Certosa ».

♥

L'après-midi, nous prenons le tramway à vapeur jusqu'à Pavie.

Admirons son fameux pont sur le Tessin, au milieu duquel se trouve une vieille chapelle du XIVe siècle.

De ce pont de pierre couvert, la vue sur la ville est des plus curieuses.

L'église Saint-Michel, romane, est excessivement intéressante; les portes. les chapiteaux des colonnes ornés d'animaux fantastiques; souvenirs de Pétrarque. Retour à Milan.

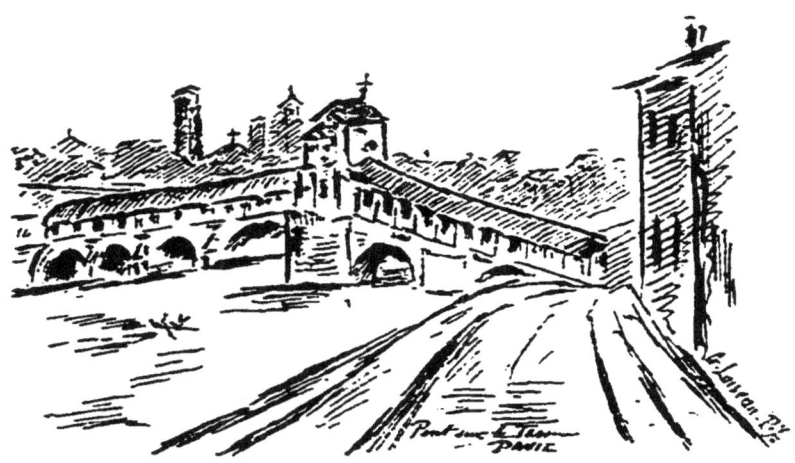

Le lendemain, nous prenons le chemin de fer de Milan à Côme jusqu'à Sarrono. Excursion que m'avait recommandée notre très aimable consul de France à Milan.

En effet, rien n'est plus beau que de voir Luini, en cette église de la Vierge, dans toute son ampleur et sa grandeur. Tout cet ensemble des scènes diverses de la vie de la Vierge, toutes ces fresques sont admirables de composition, de dessin, de charme, de grâce délicate : de merveilleux poèmes peints.

Au milieu de ces œuvres de toute beauté, une chose horrible nous a frappés : une sorte de machine en fer où sont suspendus : des bras, des oreilles, des jambes en suif ou cire gras et jaune, ex-voto, sans doute pour obtenir une guérison ou une grâce quelconque. Retour à Milan.

♥

Nous partons le surlendemain pour Venise à 6 heures du matin. La ligne se rapproche du lac de Garde et redevient très pittoresque. A 8 heures 1/2, nous arrivons à Brescia, et à 9 heures 20 à Desenzano, — belle vue à gauche sur le lac; à 1 heure 20, à Peschiera, place très forte. Nous traversons le Mincio, à l'extrémité du lac de Garde; l'eau est du plus magnifique vert; la vue s'étend sur le Mont Baldo et les hauteurs environnantes : l'Altissimo, le Tremalzo, etc. Tout ce pays renferme des souvenirs des batailles entre Français et Autrichiens, entre autres Solférino, tout proche.

Enfin nous arrivons à Vérone.

♥

Entre deux trains, nous visitons la ville et ce n'est pas assez, car Vérone est des plus curieuse comme ville moyen-âge. On sent déjà l'approche de Venise et de son art particulier. La ville est baignée par l'Adige et à deux pas des Alpes. Beaucoup de monuments remarquables : tout d'abord, les tombeaux des Scaliger, podestats de Vérone. Sous l'un d'eux, monument de Roméo et Juliette, datant des environs de 1304.

Ces tombeaux des Scaliger sont des mausolées gothiques dont les grilles, toutes de fer forgé, très remarquables, entourent les sarcophages de cette illustre famille.

Du pont sur l'Adige, on a une vue très pittoresque : Maisons anciennes, moulins sur bateaux, se reflétant dans l'eau et offrant un coup d'œil très original.

Le séminaire est un grand monument; on y remarque un plafond drôlesque, *les Signes du Zodiaque,* fresque.

Via Lastri. Cette rue a dû être très surélevée, car les portes cintrées des maisons qui la bordent sont enfoncées des deux tiers en terre.

On est surpris de voir une très belle petite place où se trouve la mairie. Au-dessus d'une colonne de marbre se trouve le lion de Saint-Marc, emblème de Venise.

A signaler encore, la tour de l'horloge (83 mètres de hauteur); l'église gothique Saint-Anastase et la cathédrale, mélangée de roman.

La première église est plus intéressante. Puis les Arènes de Dioclétien, et pour les *dilettanti d'amore*, sur les bords de l'Adige, rue des Capucins, se trouve le tombeau de Juliette, immortalisée par Shakespeare.

Et tant d'autres beaux monuments vénitiens! Mais il nous tarde d'arriver à Venise.

Nous quittons Vérone à 4 heures 20 pour Venise, regrettant de ne pas avoir étudié plus en détail cette ville.

Nous passons à Vicence à 5 heures 1/2, regrettant également de ne pas voir et le Théâtre Olympique du XVIe siècle, construit comme les théâtres grecs, et la basilique, chefs-d'œuvre de Palladio.

Puis Padoue que nous étudierons en quittant Venise.

VENISE

♠

Vue d'ensemble. – L'église Saint-Marc.

A 7 heures 1/2, nous arrivons à Venise. Impression indéfinissable. D'abord, très banale sortie et du train et de la gare. Est-ce possible d'arriver à Venise en chemin de fer et de sortir d'une gare? C'est pratique, rapide, tout ce que l'on voudra, mais le charme d'arrivée est en partie détruit, et c'est grand dommage.

Enfin nous descendons de la gare et, au pied du débarcadère, des bateaux, des gondoles sont là, attendant les voyageurs.

Les jolies gondoles, très sveltes, toutes noires! A l'extrémité arrière, le gondolier.

Nous en prenons une, qui nous mène à notre hôtel, face la *Salute,* sur le Grand-Canal.

Là, commence une grande impression de calme; rien, aucun bruit que le clapotement de la rame et quelques cris échangés entre gondoliers.

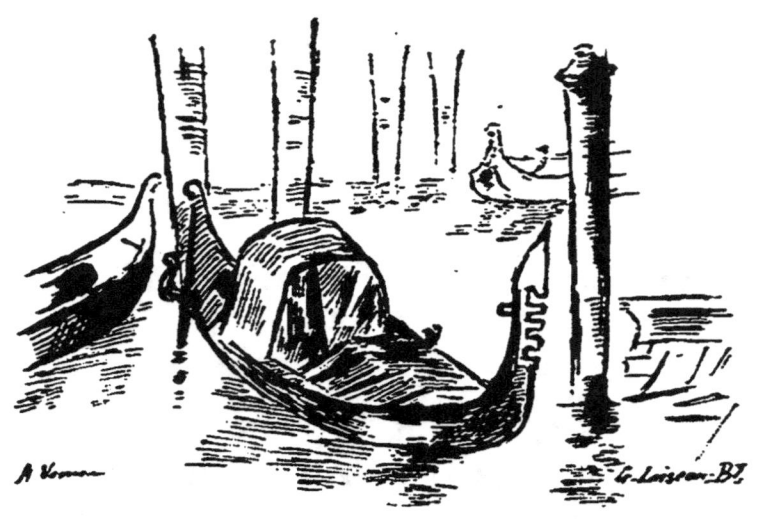

Doucement nous filons sur la lagune, nous côtoyons maisons, palais, bâtis sur pilotis, une église dont les cloches sonnent à toute volée, et nous arrivons bientôt à notre domicile. Hôtel admirablement situé pour jouir de Venise le soir, sur le Grand-Canal, le boulevard des Italiens de Venise, avec beaucoup moins de bruit. Ce grand silence nous fit toujours impression.

Tout d'abord, pour nous familiariser, nous

reconnaître dans cette ville fantastique, nous la parcourons de long en large.

Le soir, la promenade traditionnelle :

Place Saint-Marc, rendez-vous du « Tout-Venise » : Place vraiment remarquable, brillante et riche, entourée de palais ; sa superbe église Saint-Marc, son palais des Doges et sa belle vue sur les lagunes.

Je n'entreprendrai pas l'historique de cette ville, jadis puissante république qui brilla d'un éclat incomparable, surtout au XVe siècle, et par la beauté tout à fait caractéristique de ses monuments, et par le talent, le génie de ses artistes. Trait d'union entre l'Orient et l'Occident.

Cette place Saint-Marc, le *Forum* de Venise, dénote d'une manière frappante, même encore de nos jours, la caractéristique de Venise. En regardant Saint-Marc, c'est l'Orient, c'est Constantinople ou Byzance dans toute son architecture très colorée. A côté, le palais des Doges, art particulier à Venise, mélange de gothique et de renaissance, art néanmoins très original.

Le Campanile, haut de 98 mètres, (n'existe plus à présent, à moins qu'on ne le reconstruise comme il en était question) se termine par une statue de 5 mètres de haut. Les Procuraties ; la Tour d'Horloge, où deux Vulcains sonnent les heures ; et, passant sous la voûte, l'on entre dans la Venise grouillante, dédale de ruelles étroites, tortueuses, la Merceria.

Tout cela est d'un ensemble remarquable et superbe, surtout au coucher du soleil derrière la Salute. Ces gondoles noires qui vont, viennent, mystérieuses, ajoutent à ce cadre si particulier.

Êtes-vous fatigué de la lagune, dont l'eau ne se renouvellant que très peu n'est pas d'une noble limpidité, et cependant notre grand peintre Ziem l'a prise dans des tons les plus chatoyants, la promenade du *Lido* est tout indiquée. De cette bande de sable, la vue s'étend loin sur l'Adriatique ; cette belle Adriatique azurée, plaquée d'émeraude, vient mourir à vos pieds.

A part Saint-Marc, les églises sont surchargées de décorations souvent de mauvais goût.

Dans ce magnifique palais des Doges, brillent Paul Véronèse, Titien, Tintoret, aux toiles gigantesques, immenses d'envergure, chantant la gloire de Venise. Toutes ces vastes salles sont très décorées.

Je reparlerai de ces décorations.

Revenons au monument le plus curieux de Venise, à Saint-Marc. Le corps de ce saint fut rapporté d'Alexandrie, vers l'an 800, et placé en cette basilique sous l'autel; le lion de Saint-Marc devint alors l'emblème des Vénitiens.

Église particulièrement intéressante à tous les points de vue : Architecture, sculpture, mosaïques. Style surtout byzantin.

Mosaïques au-dessus de la porte d'entrée : l'Apocalypse, de Zuccato; Saint Pierre entre les sept chandeliers, la main sur les sept étoiles, etc. Ces mosaïques ont beaucoup de style, particulièrement l'Entrée de Jésus à Jérusalem et Jésus lavant les pieds à ses apôtres. Morceaux très curieux.

Sur la façade principale, mosaïques plus récentes (histoire de saint Marc).

Au-dessus des portes cintrées et sculptées, fond de mosaïques, très belles de coloration.

Le vestibule ou *atrio* est des plus curieux avec ses très anciennes mosaïques du XIIe siècle. Dans les coupoles, sujets divers de l'Ancien Testament : Saint Marc, de Zuccato, au milieu.

Les portes de bronze, ornées de bas-reliefs et inscrustations.

A l'intérieur, l'autel est surmonté d'un baldaquin byzantin; autour, une galerie de marbre et des statuettes en bronze par Sansovino et Caliari (XVIe siècle).

Le jubé est très beau. Au milieu, un grand Christ et quatorze statues de marbre du XIVe siècle.

Dans la sacristie se trouvent également des mosaïques, des armoires en jolie marqueterie.

Le baptistère est très curieux. Le tombeau du doge Dandolo (1354), la crypte et le trésor sont également à voir.

En résumé, cette église est d'un grand effet décoratif, riche et brillant; l'ornementation (sculptures, mosaïques) est répandue à profusion et cependant ne nuit pas à l'ensemble.

L'extérieur doré, très coloré, présente le plus singulier et le plus original effet. Ses cinq coupoles byzantines ajoutent à l'aspect oriental de cette façade.

En face, le Campanile, énorme tour carrée, terminé par un toit aigu au-dessus duquel se trouve une statue.

A gauche, la *Logetta*, salle d'attente des *procurateurs* qui commandaient la force armée; les portes d'entrée sont fort belles, en bronze, par Sansovino; ce Florentin, architecte, sculpteur, a laissé de très belles œuvres à Venise, d'une ciselure fine et délicate. Ces portes sont très ouvragées : Personnages et rinceaux entremêlés ; au bas, des statues d'enfants fondues en 1750 ; autres statues dans des niches, très élégantes.

A droite, la Grande Horloge. Passé le portique, la *Merceria :* là, commence la ville animée, bruyante ; la principale rue donne accès à une foule de plus petites rues *(calles)* et à des ponts à n'en plus finir, véritable labyrinthe où il faut être très expérimenté pour ne pas se perdre.

Le palais des Doges. - Musées et églises Hier et aujourd'hui.

Le palais des Doges a une majestueuse porte d'entrée, au-dessus de laquelle est sculpté un doge à genoux devant le lion de Saint-Marc.

Les chapiteaux des colonnes sont d'un genre de composition tout particulier ; c'est un enchevêtrement de feuillages dans lequel sont des sujets de toute sorte : Corps de métier, enfants, prophètes, vierges, etc.. etc... Ces colonnes entourent le monument. Aux angles, de grands bas-reliefs de marbre représentant Salomon et Noé ivre. Au-dessus de la porte d'entrée, la Justice.

La cour, très vaste, est ornée de deux puits de bronze du XVI° siècle. De là, on montre la fenêtre où Silvio Pellico était enfermé (?) *(les plombs)*.

L'escalier des Géants est flanqué de deux statues énormes en marbre, de Sansovino.

Nous montons par l'escalier d'Or, magnifique et richement décoré; au milieu des caissons se trouvent de petites fresques d'un goût exquis et d'une grande fraîcheur. Puis nous entrons dans de vastes salles : D'abord celle du Grand-Conseil, décorée d'un immense tableau de 22 mètres sur 10, de Tintoret, *le Paradis*, foule de personnages aux têtes très étudiées; tout autour, des tableaux historiques sur Venise, de Tintoret, Bassan, Fiammingo; *la Gloire de Venise*, par Paul Véronèse.

Du balcon, la vue s'étend très large sur le Grand-Canal, les îles Saint-Georges et la Giudeca.

Nous remarquons ensuite la très belle salle du Scrutin.

Dans ces deux salles, les portraits de tous les doges jusqu'à Louis Manin, le dernier (1797).

Nous voyons, dans la Bibliothèque Saint-Marc, des manuscrits décorés par H. Memling, sous verre; les progrès de la typographie à Venise; des originaux du Tasse, de Dante, etc.

♥

Peu de chose au Musée archéologique; quelques antiques, un groupe de Léda, le buste de Vitellius, un torse de femme intéressant et des cheminées monumentales.

Nous parvenons aux salles du haut. Dans celle de la Boussole, un plafond de Véronèse et une cheminée de Sansovino. La salle du Conseil des Dix est décorée par Véronèse et Bassan. La salle du Conseil des Trois Chefs du Conseil, également décorée par Véronèse, renferme une cheminée de Sansovino et une *Pieta* de Bellini. Dans le vestibule carré, Tintoret et des sénateurs. Dans la salle des Quatre-Portes, un magnifique plafond en stuc de Sansovino et Tintoret.

Salle du Sénat : Au-dessus du trône, une très belle *Descente de croix*, de Tintoret, d'un grand sentiment, puissante de couleur.

Chapelle des Doges : Une *Vierge* en marbre, de Sansovino, et *Jésus dans les limbes*, de Giorgione, très curieux.

Salle du Collège : Plafond à voussures, magnifique, peint par Véronèse; onze peintures; six grisailles, entre autres *l'Industrie* et *la Fidélité*.

Salle de l'Anti-Collège : *L'Enlèvement d'Europe*, de Véronèse.

En résumé, la décoration picturale est pompeuse et de grand luxe, dans ce Palais des Doges; les plafonds, tout, dans ces salles majestueuses, immenses, donne une idée assez exacte de ce que devaient être la puissance et la grandeur de la république et son autorité dans le monde.

A côté du palais, se trouve le trop fameux *Pont des Soupirs*, du XVI° siècle, faisant communiquer le palais Ducal avec les prisons.

Deux couloirs conduisaient à cet endroit, l'un pour les criminels d'État, l'autre pour les criminels ordinaires. Les cachots sont très sombres; on descend des marches et l'on se trouve sur le canal *Rio di Palazzo*.

A ajouter à ces cachots, *les plombs* et *les puits*, lieux terribles d'où l'on ne revenait jamais.

En avant du pont des Soupirs se trouve le pont de la Paille, très animé, reliant le quai des Esclavons, dallé de marbre, au Môle. Sur ce quai, la statue de Victor Emmanuel II, par Ferrari.

Prenant le bateau, nous allons visiter l'Académie, près du Grand-Canal.

Comme à la Brera, de Milan, impossible de donner le détail des admirables toiles dues au pinceau magique de cette grande école vénitienne. Quelques-unes cependant.

Salle II. Une *Assomption*, de Titien, grande composition : La Vierge, entourée d'anges, monte au ciel dans un rayonnement lumineux. La tête de la Vierge est d'une admirable beauté, modelé superbe; au bas, des saints, grandeur nature, sont dans des attitudes extatiques.

Toile capitale de ce maître.

Titien, au moment où il peignait ce beau tableau, se lia d'amitié avec Erasme, ce précurseur de la Réforme, et fit son portrait, à présent à Naples. Il fut nommé le premier peintre de la république; ce titre lui conférait l'exécution des portraits des doges. Il fut attiré par Lucrèce Borgia, à Ferrare, à la cour du duc d'Este; il connut là l'Arioste, et fit de remarquables portraits, ceux de Lucrèce, de l'Arioste, etc., tous admirables de coloris.

François Ier, qui voulait ravir à l'Italie tous ses grands artistes, proposa à Titien de l'emmener en France; celui-ci n'accepta pas. Charles-Quint eut cependant une vive amitié pour lui et en fit presque son ambassadeur.

Lorsque Titien alla à Rome sur l'invitation du pape Léon X, son voyage fut triomphal. Michel-Ange vint au-devant de lui et lui fit les honneurs de la ville. Puis il alla à Inspruck où il peignit *l'Apothéose de Charles-Quint*.

Il revint enfin à Venise où il mourut de la peste à l'âge de quatre-vingt-dix-neuf ans. Ses obsèques furent une apothéose; il fut enseveli en grande pompe dans l'église des Frari.

Dans la même salle, *le Miracle de saint Marc*, de Tintoret, vaste composition d'une rare puissance de couleur.

Le Tintoret est un autre célèbre peintre vénitien, plus jeune que le Titien. Son enfance abandonnée lui donna comme arme un courage et une volonté invincibles pour le travail. Son *Miracle de saint Marc* est une de ses plus fortes œuvres.

A voir aussi de superbes toiles de Bellini, le maître de Titien, d'autres de Giorgione.

De Véronèse, *Jésus chez Lévi*, d'un grand effet décoratif.

Véronèse, le plus complet des peintres de Venise par la mise en scène de ses sujets, très réaliste, ne peignait que ce qu'il voyait. Il est, dans toute la magnificence de ses compositions gigantesques, comme l'âme même de la république.

Titien, Tintoret, Véronèse sont les trois grands artistes de Venise.

A l'Académie, d'autres viennent ensuite : Bassan, Moretto, Sansovino; celui-ci, quoique Florentin, consacra une partie de sa vie à orner Venise de ses sculptures, entre autres les portes de bronze de Saint-Marc.

♥

Dans le Musée principal, des peintres d'écoles diverses étrangères : Téniers, Callot, etc. Antiquités et une belle collection d'armes.

A la Bibliothèque, des enluminures des Xe, XIe, XIIe, XIIIe siècles, et sous vitrine des reliures d'un grand luxe.

♥

Passons aux églises.

Rien de plus admirable que ce tryptique de Giovanni Bellini, à l'église San Frari : *La Vierge et son fils*, entourés d'anges, d'évêques et d'abbés, à droite et à gauche.

Toutes les têtes sont sublimes d'expression, les enfants naïfs et charmants.

A San Formosa, vu et revu une *Sainte Barbe*, de Palma, très mondaine, d'un coloris très chaud et d'un beau dessin.

♥

Maintenant comme sculpture : Les quatre chevaux de bronze, plantés au-dessus du portail de Saint-Marc, et qui font très bien, quoique leur destination fût ailleurs. Ils voyagèrent beaucoup, ces quatre très beaux coursiers; ils décorèrent, pense-t-on, un arc-de-triomphe romain de Trajan ou Néron. De là, ils allèrent à Constantinople, au XIIIe siècle, Venise s'en empara, puis Napoléon Ier, et, vers 1815, Canova fut envoyé à Paris pour réclamer, non seulement les chevaux, mais beaucoup d'œuvres d'art d'Italie. Ils ont belle allure, ces chevaux; on pourrait les croire grecs, à la finesse d'exécution.

Sur la place San Giovanni et Paolo se dresse la statue équestre du Colleoni, général de la République, par Verrochio. Verrochio, peintre et sculpteur, a été le maître de Léonard de Vinci. Vue du pont, cette admirable statue de bronze, placée sur un piédestal élégant et élevé, se détache en silhouette sur le ciel avec une allure très crâne. Morceau de sculpture d'une force et d'une beauté incomparables. Une des plus belles d'Europe.

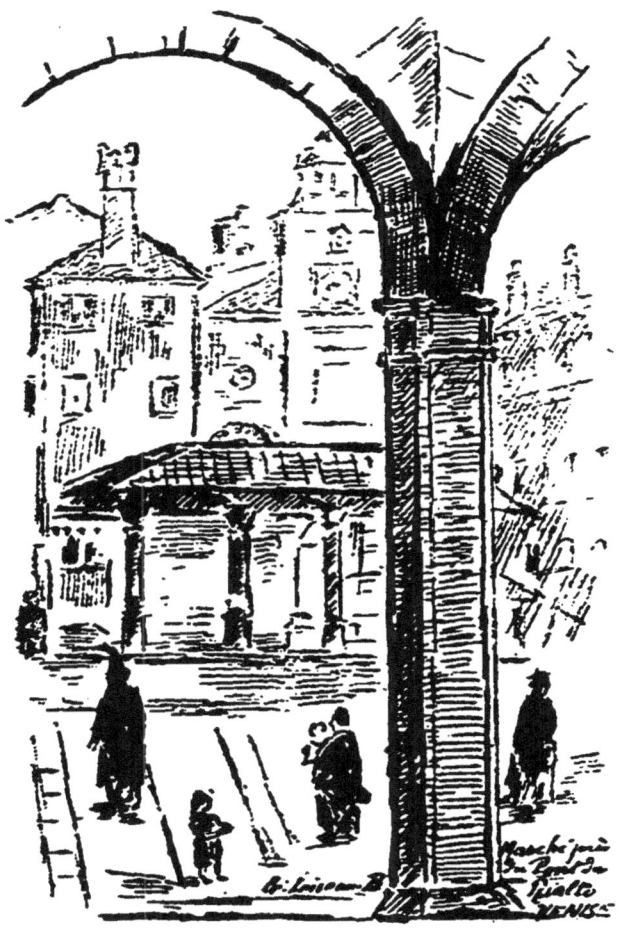

Comme pont, je citerai celui du Rialto, tout de marbre, du XVIe siècle, très beau pont de

50 mètres de long sur 22 de large, et d'une seule arche.

♥

Si l'on veut visiter la série de tous les palais vénitiens échelonnés sur le Grand-Canal, Dieu merci ! il y en a, entre autres les palais Contarini (XVe et XVIe siècles), Pisani (XIVe), Pesaro (XVIIe). A droite, le palais Grimani (renaissance); le palais Dandolo (gothique); la Maison d'Or (XIVe siècle); le palais Vendramin où Richard Wagner mourut en 1883, etc., etc.

Ils tombent à peu près en ruines; mais avec un peu d'imagination, on se rend très bien compte du degré de richesse fastueuse où était Venise à ces époques.

♥

Les verreries de Venise à Murano sont à présent bien commerciales.

♥

J'ai remarqué deux campaniles penchés : l'un, près du jardin public; car, sur ces lagunes, on est arrivé tout de même à créer des jardins; ils sont rares, mais il y en a tout de même. L'autre, celui de San Stefano.

♥

Aux Frari, nous avons assisté à une très curieuse cérémonie : Enterrement d'un officier, accompagné de musique militaire.

La cérémonie était d'un barbare, d'un criard inouï : Les hommes porte-lanternes en des costumes sales, blancs et rouges; tout cela très baroque; une foule de gamins et gamines envahissant l'église, se plaçant n'importe où, dans le chœur, avec force tapage, rires, gestes... On finit par s'habituer à cela en Italie; c'est égal, il y a tout de même un pas entre la Venise du XVe et du XVIe et celle d'aujourd'hui.

Cependant, un dimanche, ayant un peu la nostalgie de la verdure, nous prîmes un bateau qui nous mena sur les rives soi-disant fleuries de la Brenta. J'admire les poètes, qui chantèrent cette jolie rivière ! Vrai, nous eûmes une déception ; et, quoique nous vîmes tout de même des champs bien verts, l'eau très jaune de cette Brenta nous fit retourner prestement à Venise.

Une curiosité de Venise qu'on ne saurait trop voir est l'*Abbazio di San Gregorio*, près de la Salute, dont le cloître garni de fleurs a été fait et refait par tous les peintres du monde.

Enfin, le 27 septembre, à 10 heures du matin, nous faisons nos adieux au Grand-Canal; une gondole nous emmenait... à la gare! Quel barbarisme!

Nous prenons le train et partons.

Nous quittons Venise en regardant cette curieuse et fantastique ville, longuement, longtemps; nous la voyons disparaître dans un brouillard très fin, comme un rêve qui s'évanouit doucement....

Nous l'avions vue, en allant, apparaître graduellement, toute rouge dans un chaud soleil couchant; maintenant, elle disparaît doucement dans l'eau de ses lagunes, enveloppée d'un léger voile gris, et, passé le grand pont de trois kilomètres, nous roulons sur la terre ferme du côté de Padoue.

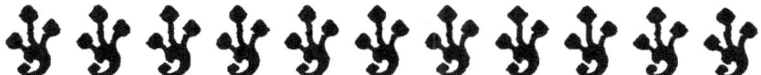

PADOUE

Donc, le 27 septembre, à 10 heures 1/4 du matin, nous quittons Venezia pour Padoue où nous arrivons à midi.

Padoue est une ville de grands souvenirs, par son Université et par son histoire très tourmentée. Du parti des Guelfes au Moyen-Age, prise entre Vérone et Venise, elle succomba et devint fief de Venise vers 1400.

Cette ville très curieuse, très grande jadis, de nos jours dépeuplée, est triste, plutôt monotone, et la poussière tourbillonne autour des souvenirs d'antan.

Nous visitons rapidement quelques églises. Tout d'abord Saint-Antoine, nommée simplement *Il Santo*, dédiée à saint Antoine, compagnon de saint François d'Assise, qui y est en grande vénération. Sept coupoles surmontent ce vaste édifice. Toute la décoration intérieure représente les épisodes de la vie du saint, surtout sa chapelle à gauche où se trouvent une quantité de luminaires, d'ex-voto en or, en argent, en marbre, que sais-je! Amoncellement de dons d'une richesse criarde, hurlante. On sort de là affolé.

Nous allons à l'*Arena*. Ici, c'est plus calme et l'on peut admirer longuement et consciencieusement les admirables fresques de Giotto, ce petit pâtre florentin que Cimabué guida et qui devint le célèbre Giotto, l'ami du Dante. Du reste, ses fresques se ressentent de cette intimité et *la Divine Comédie* y marqua son sceau ineffaçable. Dans les peintures de Giotto, on sent un commencement de mouvement, de vie, avec cette pointe d'archaïsme sévère qui leur donne grand caractère. Nous admirons *le Paradis* et *l'Enfer*, une *Pieta*, *la Résurrection de Lazare*, *Jésus au jardin des Oliviers*, *l'Entrée à Jérusalem*, etc. Au-dessus du chœur, *le Christ entouré d'anges*. Puis l'histoire de la Vierge, *la Nativité*, très belle composition, empreinte d'un grand charme de naïveté; *l'Annonciation*, l'ange entre par une fenêtre, à gauche, une femme file, tout cela très naïf et beau de sentiment.

Je ne quitterai pas cette ville sans saluer cette Université, fondée au XIIIᵉ siècle, qui fut le foyer scientifique de l'Italie, et qui attira non seulement le Tasse, l'Arioste, le Dante, Pétrarque, Galilée, etc., etc., mais les peintres Giotto, Donatello, Ph. Lippi, etc. Mantegna fut le chef de cette école. — Ce qui prouve qu'une cité peut devenir illustre et brillante tout en ayant des convictions religieuses.

♥

Nous reprenons notre train à 6 heures et filons sur Bologne.

Ce trajet est très pittoresque; malheureusement, la nuit arrivait vite.

Nous passons Albano, où soi-disant naquit Tite-Live, longeons une chaîne volcanique, puis Battaglia, Rovigo et Ferrare; il faisait complètement nuit.

Nous aurions été heureux de nous arrêter quelques heures dans cette ville des princes de la maison d'Este, d'illustre mémoire, qui protégèrent et attirèrent à leur cour Raphaël, Vinci, Titien.

Bref, nous arrivons à 8 heures du soir à Bologne.

BOLOGNE

Bologne, avec ses portiques et ses deux tours penchées très curieuses et peu rassurantes lorsqu'on passe sous elles, est une ville assez triste et monotone.

Dans nos excursions dans les environs, au pied des Apennins, nous avons remarqué de curieux chariots sculptés, ornementés jusqu'aux roues. Devant, la classique madone; ces chars, attelés de beaux bœufs à très longues cornes, traînaient lentement des fûts de vin, et je pensais à nos vendanges de Bourgogne tout en faisant un rapprochement entre nos rustiques vignerons et ceux de l'Emilie qui le sont beaucoup moins.

Il faut citer également la vieille Université

de Bologne, fondée vers le V⁵ siècle, et qui comptait 10,000 étudiants au XIII⁵.

La Pinacothèque est très intéressante.

Parmi quelques toiles, je citerai : De Francesco di Bologna, des compositions très serrées, d'un beau coloris, mais un peu maniérées. — D'autres, de Parmigiano. — Du Dominiquin, un *Moine*, beaucoup d'expression. — La *Judith*, du Caravage; la tête d'Holopherne, remarquable. — Un tryptique de Lucca de Leyde, magnifique. — *Deux Avares*, de Quintini d'Anvers, très curieux. — Des Ribera, Guido Reni. — De l'Albane, le *Baptême du Christ*, très vigoureux. — Le Guerchin. — Du Dominiquin, *Meurtre d'un Moine*; *Martyre de sainte Agnès*; cadavres sur cadavres, la sainte très intéressante, la *Vierge au rosaire* ; deux scènes admirables. — Du Guerchin, *Saint Bruno dans le désert priant la Vierge*, toutes les têtes très belles.

La *Sainte Cécile*, de Raphaël, d'un coloris et d'un dessin magnifique; les anges qui chantent au ciel sont adorables; enfin tout est traité dans la perfection.

Du Francia, des tableaux religieux.

Le numéro 197, du Pérugin, grand panneau d'une admirable Vierge. — Même sujet du Francia.

Puis toute une galerie d'eaux-fortes, gravures d'Albert Dürer.

En résumé : Le Guide donne une impression vive et dramatique dans son *Massacre des Innocents*, exprime un sentiment très élevé dans son *Christ en croix*. Le Dominiquin est assez complexe : Peu élevé dans ses scènes religieuses, excepté dans sa *Vierge au rosaire*, mais d'un coloris et d'un dessin splendides.

Je passe la série des Carrache ; c'est fatigant de les regarder.

Voilà pour les peintres bolonais.

Francia est absolument admirable, d'un sentiment empoignant.

♥

Parmi les églises : San Stephano présente l'agglomération de cinq églises réunies, ce qui est particulièrement original.

Celle qui donne sur la place avec sa chaire extérieure ; un peu à gauche, une autre église octogonale restaurée, dont les détails en briques de différentes couleurs, ajoutent à l'originalité de cette construction primitive ; la troisième, plus loin, offre une belle petite façade restaurée, avec chapiteaux byzantins, un saint Pierre est assis là sous un baldaquin ; en tournant, encore une autre petite église. Dans l'intérieur de ces églises sont des fresques et restes antiques.

A droite. sur la place, on pénètre dans une cour au fond de laquelle se trouve un cloître du XIe siècle, très curieux. A remarquer ses colonnettes; à l'étage supérieur, la coloration en est très belle.

❤

Mais parlons un peu de ces tours penchées : L'une mesure 98 mètres environ; l'autre, à côté, n'a que 50 mètres, mais est plus penchée que sa sœur. Tours carrées du XIIe siècle. Est-ce affaissement du sol ou tour de force des architectes de cette époque ? Quoiqu'il en soit, l'impression en est peu rassurante, et c'est avec une certaine inquiétude qu'on passe à leur pied.

Pendant notre séjour à Bologne, nous faisons deux petits voyages, l'un à Parme, l'autre à Ravenne. Mais nous reverrons encore un peu Bologne avant de partir pour Florence.

Nous voilà donc en route pour visiter Parme où nous attire le Corrège, ce véritable chef de l'école lombarde, ce coloriste, si doux, si aimable.

Nous suivons la voie Emilienne à travers de grandes plaines monotones, à notre gauche les Apennins; nous passons à Modène, puis à Reggio, midi, — 40 minutes d'arrêt, assez pour déjeûner, mais pas assez pour voir le berceau de l'Arioste.

Nous arrivons à Parme.

PARME

Place forte, ville triste. Où sont les rosiers, les violettes de Parme?...

Dans la cathédrale, une coupole décorée par le Corrège : *Assomption*, plutôt apothéose de la Vierge, belle de vigueur, grande d'envergure, mais restaurée. Souvenir de Pétrarque qui y fut diacre. Le baptistère est très curieux : Octogonal; décorations sculpturales et picturales pleines d'intérêt.

Dans l'église Saint-Jean, de très belles fresques du Francia, du Parmesan, et la coupole du Corrège, *la Vision de saint Jean*, exécutée à l'âge de trente ans.

Au Musée, on peut tout à loisir admirer le Corrège : ses Vierges gracieuses ; *la Vierge au Donateur*, seule dans une des salles, très belle de couleur, pas très divine de sentiment, mais charmante au possible ; un *Saint Jérôme et la Vierge*, l'expression de la Vierge est admirable ; à côté de l'enfant, dont l'expression est maniérée mais très extraordinaire, un ange porte un livre et cette sainte qui se penche sur l'enfant, en touchant son petit pied, est adorable de sentiment ; cette scène se passe sous une tente rouge, avec fond de paysage aux tons jaunes dorés.

Je citerai encore du Corrège : *la Mort du Christ* ; quel beau sentiment dans la tête de son Christ ! et le *Martyre de saint Placide et sainte Flavie*.

Toutes ces œuvres sont d'un coloris chaud et d'un sentiment pénétrant ; la forme en est très étudiée. Ce peintre est doux et très brillant.

A remarquer le *Portrait d'Erasme*, d'Holbein, d'un modelé vigoureux ; *la Sainte-Famille*, de Francia ; dans la salle 17, un Raphaël ; un ivoire de Michel-Ange, *Descente de croix*.

Avant de quitter Parme, je citerai encore le théâtre Farnèse, du XVIIe siècle, très vaste et très intéressant. Dans le couvent Saint-Paul, de jolies fresques du Corrège : *Amours et Grâces, Diane et Adonis,* sujets mythologiques, peu en rapport avec une maison de religieuses, et nous quittons Parme pour retourner à Bologne.

RAVENNE

Le 2 octobre, à 6 heures du matin, nous partons pour Ravenne ; voyage d'étude, car il ne faut pas aller dans cette ville morte sans but utile. Rien n'est plus navrant que de voir cet immense tombeau byzantin. La mer qui venait jadis jusque près de la ville, s'est retirée à 10 kilomètres plus loin. Ce ne sont que marécages et fièvres permanentes.

Parlons des beaux souvenirs byzantins restant encore debout, du palais de Théodoric, existant encore en partie, résidence des rois goths.

Puis vint l'exarquat ou province des empereurs d'Orient. Au XIIIe siècle, les Polenta y exercèrent leur pouvoir; ils protégèrent Dante exilé, qui y finit ses jours et dont on voit en‑

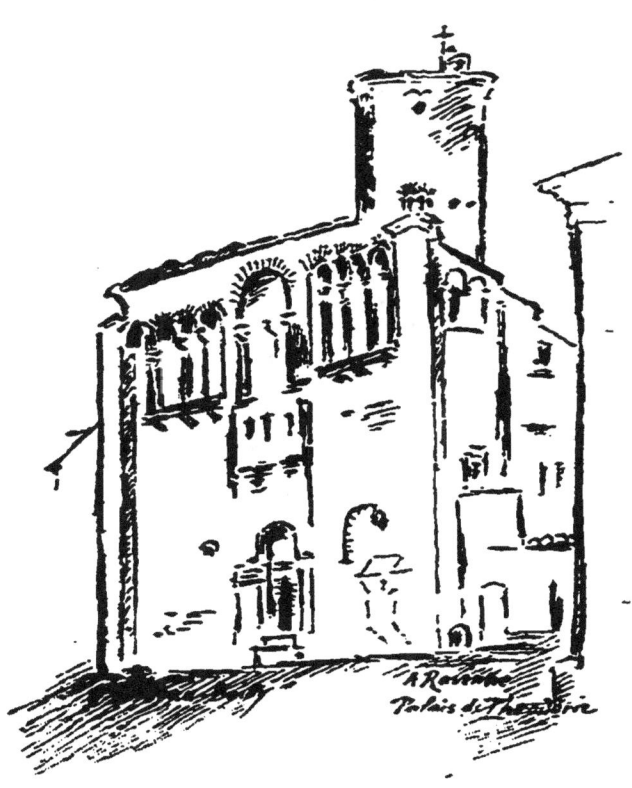

core le tombeau, monument très ordinaire en pierre; dans le fond de cette petite chapelle carrée, un bas-relief et le buste du poète; une coupole couronne le mausolée.

Parmi les églises très curieuses : San Fran‑

cesco, restaurée; tombeaux d'Alfieri et de Polenta; vingt-deux colonnes de marbre séparant trois nefs.

San Apollinare in Cœli, très ancienne basilique, construite par Théodoric, vers l'an 500; donc elle n'est pas d'hier; vingt-quatre colonnes en marbre, apportées de Constantinople, au-dessus desquelles est toute une procession de saints, de vierges, etc.; mosaïques du VIe siècle, qui ont ce grand caractère sévère des premiers temps du christianisme. Le plafond en bois est à caissons dorés et peints. Le tombeau du saint a quatre colonnes de porphyre aux chapiteaux primitifs supportant le sarcophage. La chaire ou *ambon* a quatre gros et quatre petits piliers qui la soutiennent. C'est près de là qu'est le palais de Théodoric.

Passons maintenant à San Vitale, fondée par Justinien. Là, nous sommes en plein dans le style byzantin; c'est Sainte-Sophie, de Constantinople, en réduction. Elle est octogonale et flanquée d'une abside. Les piliers sont de marbre de couleur; des colonnes byzantines supportent la coupole; les chapiteaux offrent beaucoup d'intérêt. Dans le chœur, le Christ assis sur le monde entre des anges, très belle mosaïque; en bas, à gauche, l'empereur Justinien, et, à droite, Théodora vêtue de riches ornements de perles et accompagnée de toute sa suite. Ces mosaïques byzantines sont remarquables de grandeur et de simplicité. Nous sommes donc là tout à fait en Orient.

Dans le jardin qui précède cette curieuse église se trouve une loggia ornée de jolies colonnettes de marbre.

La place Victor-Emmanuel, (le forum antique), est entourée d'arcades en plein cintre décorées; les piliers de granit et les chapiteaux en sont très curieux.

Deux colonnes du XVIe siècle supportent, l'une, saint Vital, l'autre, saint Apollinaire, premier évêque de Ravenne en l'an 44; elles furent érigées par Venise.

A côté de San Vitale, se trouvait le palais de Théodora; il ne reste de la façade que quelques colonnettes de marbre et une sorte d'entrée cintrée. En regardant cette façade, puis à gauche San Vitale, ornée de son campanile rond, l'impression est celle d'un coin de ville des Ve et VIe siècles. C'est par ce côté que Ravenne restera encore longtemps très curieux à visiter, malgré la tristesse morne de la ville.

Près de la cathédrale se trouve le Baptistère, comme toujours dans les premiers temps, séparé de l'église; il est octogonal. A l'intérieur se trouvent des mosaïques très anciennes, du V⁰ siècle : *Baptême du Christ*; les apôtres et les fonds sont de la même époque.

Et que d'autres curiosités dans cette antique cité ! Ainsi la *Pineta*, grand bois de sapins, célèbre, entre la mer et la ville; lord Byron en parle beaucoup.

Enfin, nous retournons à Bologne par Castel Bolognese et Imola.

Avant de quitter Bologne, nous avons excursionné à la Madone de Saint-Luc, perchée au-dessus du Mont della Guardia : très grand édifice du XVIII⁰ siècle, où l'on jouit d'une vue admirable sur Bologne, ses environs et les grandes plaines de la Romagne jusqu'à l'Adriatique. On monte là, sous un portique de 640 arcades et par des marches incalculables. Ah ! sapristi ! ce que l'on doit gagner d'indulgences ! Mais l'immense panorama qui se déroule à vos pieds compense largement la fatigue, et de là haut nous disons adieu à l'Adriatique et partons pour l'autre versant, du côté de la Mar Tireno (mer Tyrrhénienne).

LES APENNINS

La traversée des Apennins est fort intéressante, très mouvementée, très curieuse.

Du côté de Bologne, la vallée du Reno que nous suivons est particulièrement sauvage, et les tunnels se suivent sans discontinuer. Vingt-deux jusqu'au point culminant de la ligne et autant pour redescendre; échappées sur des ravins, sur des cascades, sur les cîmes déchiquetées de l'Ovolo, du Vigese; sol volcanique; de temps à autre, des sources sulfureuses, thermales.

Enfin, arrivée à Corbezzi; la voie ferrée fait de grands lacets; en bas, la ville de Pistoia et les plaines de la Toscane; la vue, très variée, est magnifique.

Nous sommes bientôt à la station de Pistoia, puis à celles de Prato et de Florence.

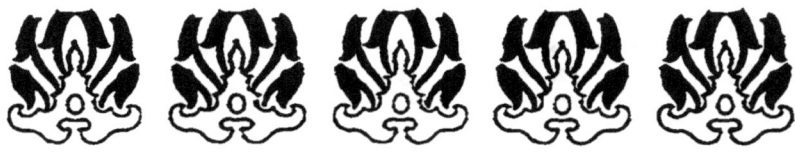

FLORENCE

L'ancienne capitale de la Toscane est la ville des fleurs, et l'on peut dire la capitale par excellence de l'art affiné; c'est un centre intellectuel considérable. Tout, dans cette ville, revêt un charme fin, distingué; tout, le langage, les personnes, les enfants.

Citer et nomenclaturer tous les chefs-d'œuvre de cette école, les musées, les monuments, les uns très sévères, ayant grand caractère de force robuste, d'autres d'une délicatesse, d'une élégance extrême, est chose impossible. Je serai forcé d'être bref, considérant qu'il faut passer deux mois au moins pour bien voir Florence.

Florence se trouve admirablement située près des Apennins; ceux-ci forment comme un décor, un fond très curieux à cette grande cité, sise sur les bords de l'Arno, qui, en ce mois d'Octobre, roule des eaux un peu jaunâtres.

Aux XVe et XVIe siècles, les Médicis y donnèrent un essor puissant aux arts, aux lettres; ils eurent néanmoins des luttes terribles à soutenir contre leurs rivaux, et Charles-Quint se rendit maître de Florence après un siège mémorable.

Tout d'abord, nous nous installons au centre de la ville afin de pouvoir rayonner de droite et de gauche, Florence devant être notre centre d'excursions dans les villes environnantes.

La place principale a son cachet artistique très complet; c'est la place de la *Signoria*.

En face, le Vieux Palais et sa haute tour de 95 mètres; façade sévère, sorte de château-fort d'un très beau caractère, du XIVe siècle. A côté, la Loggia dei Lanzi forme comme une opposition : charmant édifice du XIVe siècle, orné à présent de statues de Jean de Bologne, du très beau *Persée* de Cellini; du groupe en bronze *Judith et Holopherne*, de Donatello, cet admirable sculpteur florentin.

Les portiques des Offices, de Vasari ; statue de Cosme de Médicis, par Jean de Bologne, et, de là, on monte aux Uffizi ; la grande, l'énorme galerie de chefs-d'œuvre, galerie considérable où sont rassemblés tous les maîtres de la brillante école florentine, de toutes les époques et de toute l'Italie, même du monde.

Mon Dieu ! Comment citer tout ? Je ne puis que dire une infime partie de ce que nous avons vu et revu durant de longues heures et des journées et des semaines successives. Parlons seulement de quelques maîtres et de quelques salles hors pair.

En haut de l'escalier, bustes et statues romaines ; le fameux *Sanglier*, marbre de couleur.

Dans la première galerie, plafonds décorés ; dans le fond, une tapisserie devant laquelle se détache un groupe antique *Hercule et le Centaure*. Deux femmes aux magnifiques draperies. A côté, des croix et retables byzantins.

Une *Annonciation* de Simone, remarquable : Fond or, ange aux draperies dorées, d'un sentiment admirable ; l'ange à genoux présente son message à la Vierge, qui est assise et dont le geste exprime une crainte indescriptible.

Puis des sujets grecs et romains : Le *Tireur d'épine*, le *Marsyas* et *Laocoon*. Puis voici Titien, Bassano, Véronèse.

École de Toscane : De Vasari, un superbe portrait de Laurent-le-Magnifique; d'Andrea del Sarto, une *Sainte Famille*, d'un très beau coloris; Bronzino; de F. Lippi, une *Adoration des Mages* dont les têtes sont très expressives.

La troisième salle est des plus curieuses : L. Credi; Lippi; Botticelli, d'une grâce adorable et d'un très beau sentiment; de Léonard de Vinci, une *Annonciation*, très chaude de couleur, avec un fond de paysage très vigoureux.

Une *Sainte Famille*, dans un cadre rond, de Botticelli; un chef-d'œuvre des plus beaux, — science de dessin, charme de sentiment, de couleur, agencement de composition, — c'est sublime!

D'Angelico, sous glace, le *Couronnement de la Vierge*, un autre chef-d'œuvre du plus grand intérêt.

Persée délivrant Andromède, très curieux sujet de Cossina, original, fantasque.

Judith, de Botticelli, tenant d'une main le sabre ensanglanté et de l'autre un rameau d'olivier, une servante l'accompagne, tenant la tête d'Holopherne, fond de paysage; tout ce sujet est d'un grand sentiment dramatique. De Masaccio, une *Tête de vieux*.

Enfin, voici la TRIBUNA, le joyau du musée, composée des chefs-d'œuvre les plus remarquables de cette immense galerie :

De Raphaël, un *Portrait* de femme absolument magnifique, d'une très grande simplicité, les mains remarquables. Deux *Vénus* couchées, du Titien, popularisées par la gravure; Corrège et Véronèse, à côté, deux *Sainte Famille*. Pérugin. Une *Sainte Famille*, de Michel-Ange. Le *Portrait du pape Jules II*, de Raphaël; un *Saint Jean* et la *Fornarina*, et au-dessus, un Francia, etc.

La Tribuna est une salle unique au monde, et combien de chefs-d'œuvre je passe !

♥

Pour nous reposer et nous reprendre, le soir, nous allons à Monte Galileo, promenade dominant Florence, au milieu d'oliviers. Un peu au-dessus de cette belle promenade se trouve le jardin Boboli. La vue, de là, est magnifique sur les montagnes, contre-forts des Apennins, qui contournent Florence. Fiesole est en face, sur une hauteur. En bas, le *Dôme*, ou cathédrale Santa Maria del Fiore.

Le soleil se couche, tout est rouge derrière les massifs d'oliviers gris, les montagnes deviennent bleu-violet, tout est calme, si ce n'est le carillon des cloches de Florence, et tout cela nous repose de tant et tant de choses vues depuis notre départ de Paris.

❤

Le lendemain, nous allons visiter *Or San Michele*, près de la place de la Signoria, église ou oratoire presque carré, édifié par les corporations florentines au XVe siècle :

Deux nefs aux arcs surbaissés, très riches et en marbres, mosaïques, et pierres précieuses. Vitraux magnifiques, bas-reliefs; un *Saint Marc*, de Donatello.

A côté, la maison des *Cardeurs*, soutenue par des arcs-boutants, les fenêtres grillagées, les armes de la corporation (un agneau) sculptées.

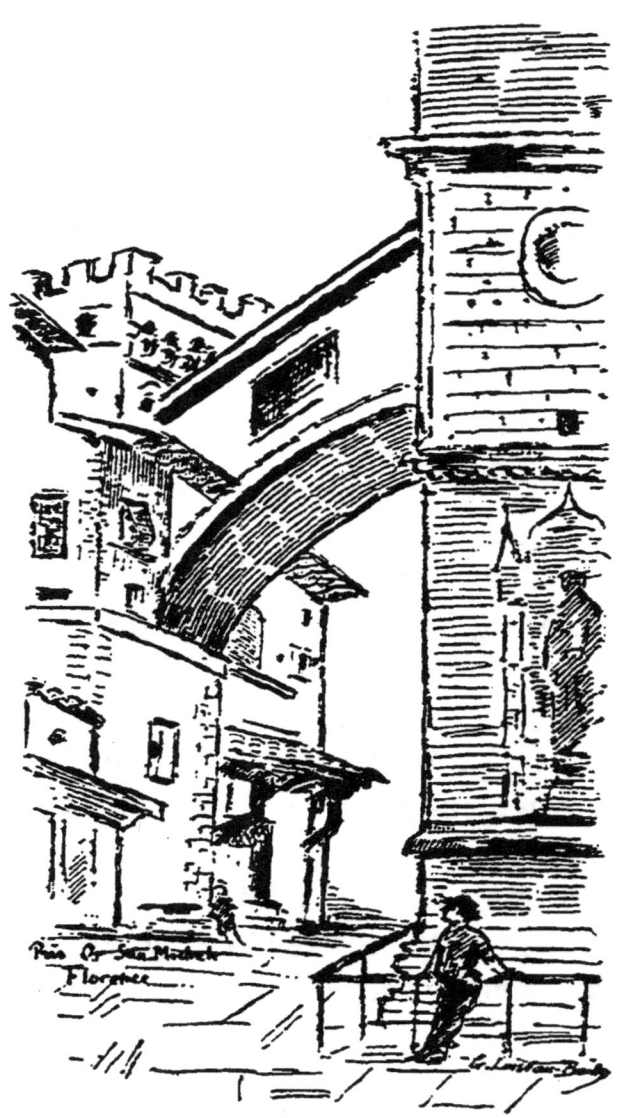

Michel-Ange.

La Chapelle des Médicis. — Là, est Michel-Ange, et c'est terrible d'étudier cette sculpture, prodigieuse de force.

A droite, Julien de Médicis (architecture et sculpture ne font qu'un) : Il est assis, tenant son bâton de commandement, à ses pieds, le *le Jour* et *la Nuit*, allégories. L'éclairage, venant du haut de la coupole, donne à ces figures tristes, pensives, un grand caractère; la patine du marbre aux tons chauds en est très belle.

A gauche, Laurent de Médicis, moins bien éclairé, n'en est que plus troublant: deux figures allégoriques : *Le Crépuscule* et *l'Aurore*. C'est sublime !

Un groupe, *la Vierge et son Enfant*, également sublime, d'un sentiment très grand.

Lorsque nous serons à Rome, nous verrons encore Michel-Ange, admirable et également terrible dans sa peinture de la Chapelle Sixtine.

Elle est étonnante la vie de ce puissant génie, bataillant avec sa famille d'ancienne noblesse toscane pour être sculpteur, corrigeant, tout jeune, les dessins de son maître Ghirlandajo qui travaillait dans les jardins de Laurent de Médicis. Celui-ci se prit d'amitié pour lui, ce qui fit sa fortune.

Le pape Jules II, qui était un Médicis, l'attira à Rome pour son tombeau (nous reverrons cet épisode), puis se fâcha avec lui. Michel-Ange revint alors à Florence, retourna à Rome où il exécuta *le Jugement dernier*, de la Chapelle Sixtine; mais, à la mort de Jules II, il laissa là la fresque pour terminer le tombeau de ce pape.

Paul III, le successeur de Jules II, voulait qu'il terminât son *Jugement dernier* : A la tête de dix cardinaux, il alla à l'atelier du statuaire le supplier de finir son œuvre; ce n'est que sept ans après, en 1541, que cette fresque fut achevée.

J'anticipe sur Rome pour montrer le caractère de cet homme volontaire, puissant comme son art.

♥

Revenons un peu aux Uffizi.

Nous admirons les écoles hollandaises : Entre autres, une *Courtisane*, de Van Mieris; elle dort, les seins découverts; dans le fond, un homme parlemente avec une vieille femme ; ce tableau est très réaliste, très sensuel et très beau de couleur. L'*Offrande à Vénus*, de Netscher. Van Ostade et Rembrandt sont également bien représentés.

A citer encore l'école allemande : Holbein, de Weyden. *Jésus au sépulcre*, très moyen-âge ; Dürer ; Memling.

Voici l'école flamande : de Rubens, une grisaille : *Les Trois Grâces* ; de Cranach, les portraits de Luther et de sa femme ; enfin une succession de panneaux, la plupart des portraits, très vrais de coloris, d'expression très vive et d'étude très serrée comme travaillaient les flamands au XVe siècle. On voit des Van Eick, des Téniers ; de Memling, *la Vierge au Trône*, admirable, etc., etc.

Dans l'école française, un très beau *François Ier à cheval*, de Clouet ; un Watteau ; *Bossuet*, par Rigaud, puis des *Batailles*, de Courtois, dit « le Bourguignon » (je ne savais pas trouver là un illustre compatriote).

La salle des gemmes et camées.

Ensuite l'école de Venise, *la Belle Flora*, du Titien, tons dorés, chevelure blonde ; et toute la pléiade de cette brillante école vénitienne : Véronèse, Moretto, Giorgione ; de ce dernier, un magnifique *Jugement de Salomon*.

Salle des portraits de toutes les écoles et de tous les pays.

La très belle salle du Baroccio, où l'on trouve un admirable *Philippe IV*, de Vélasquez; trois portraits très beaux du Bronzino; le très intéressant portrait de Galilée, par Substermans. d'Anvers; *la Madone du peuple*, par Baroccio; une *Marguerite de Lorraine*, par Van Dyck, de très grande allure.

Puis la salle de la *Niobé*, la salle des dessins (originaux), la salle de la sculpture antique, la salle de l'*Hermaphrodite*; dans d'autres, des F. Lippi, des Raphaël, des Boticelli; du Primatice, un beau plafond; le très beau dessin de Raphaël pour son tableau *la Belle Jardinière*, et de là on suit l'immense couloir qui mène à la galerie Pitti par le Pont-Vieux *(Ponte Vecchio)* dont je reparlerai.

♥

Laissons un peu les Offices pour parler de la ville, de la place du Dôme, du dôme de Santa Maria del Fiore, du Campanile qui se dresse à côté du Baptistère, de la Loggia du Bigalo, enfin de tous ces magnifiques monuments de la Renaissance réunis sur cette place qui n'est comparable à nulle autre, même à celle de Venise, d'un tout autre caractère.

Le *Dôme* ou cathédrale est de style gothique du XIVe, moins intéressant que notre gothique. Cette église est surmontée d'une énorme et très belle coupole du XV$^.$ siècle. due au célèbre architecte Brunelleschi. La façade de ce vaste édifice est moderne; sa longueur est de 169 mètres. et le haut de la lanterne, au-dessus de la coupole. 107 mètres.

A l'intérieur, le tombeau de Brunelleschi; un *Saint Jacques,* de Sansovino; une mosaïque, de Gaddi, très belle; des Lucca della Robbia; un groupe inachevé de Michel-Ange; un portrait du Dante dans la nef de gauche, et des scènes de la *Divine Comédie.*

Le *Campanile* est l'œuvre de Giotto. Nous avons déjà parlé du petit pasteur que Cimabué prit par la main et dont il fit un des plus beaux artistes du commencement de la Renaissance; nous le voyons ici architecte, et grand architecte; nous le reverrons à Assise, à Pise, partout très beau.

Élevé de 84 mètres, ce campanile est très coloré et très décoré; les bas-reliefs et les statues avaient été primitivement modelés par Giotto. Nous remarquons plusieurs statues de Donatello.

Sur cette même place, le *Baptistère* octogonal, et ses admirables portes de bronze, de Ghiberti, 28 bas-reliefs absolument superbes. Une des portes est de Pisano. L'intérieur est très bien décoré.

Puis la *Loggia* très jolie du Bigalo, du XIVe siècle.

Il ne faut pas oublier l'Opera del Duomo, où se trouve l'œuvre de la cathédrale.

Une église qui présente un intérêt particulier est Santa Maria Novella, du XIVe siècle : Trois nefs; dans la première chapelle, à droite du chœur, se trouvent le tombeau des Strozzi et de très belles fresques de Lippi, *Vie de saint Jean*. Dans le chœur, quatorze fresques de Ghirlandajo; celles du bas, bien conservées; un vitrail très beau.

Dans la chapelle des Strozzi, à laquelle on accède en montant quelques marches, on remarque les anciennes fresques d'Orcagna, et surtout un tableau d'autel admirable, avec encadrement gothique.

Dans la chapelle Degli Spagnoli, à côté du vieux cloître, le plafond est arqué et partout décoré de fresques admirablement fraîches de Gaddi et de Simone di Martino; une grande composition : *L'Eglise militante et triomphante;* des scènes de la *Vie de Jésus et de la Vierge,* tout cela merveilleusement peint et dessiné. Cette chapelle est des plus remarquables.

♥

Nous prenons un peu de repos au Jardin Boboli, autour du Palais Pitti, près du bassin de Neptune : jardin créé sous Cosme de Médicis, toujours vert uniformément, de là assez monotone.

Le Palais Pitti, sombre, aux murs cyclopéens, rappelle le Luxembourg de Paris, celui-ci cependant plus gracieux. Ce palais des Pitti, la famille rivale des Médicis, est un véritable fort, aux blocs énormes superposés; par son aspect sévère et farouche, il a grand caractère.

Ses jardins sont ornés d'une grotte d'une ingéniosité assez enfantine, de statues de Michel-Ange.

Ces statues de Michel-Ange au Jardin Boboli ne sont pas à leur place : elles sont trop grandes pour une chose aussi mesquine. Dans le fond de la grotte, une Vénus en marbre fait assez bien.

Décidément, j'aime mieux le haut de la montagne; de là, la vue sur Florence et sur les environs est admirable et pas guindée comme ici.

Retournons aux Offices dont voici quelques sujets :

Le grand tryptique de Fra Angelico, la *Vierge assise sur un trône* tient son fils debout; le fond du tableau est or; autour, dix anges jouent de divers instruments. Sur les volets, saint Jean et saint Marc; derrière, saint Pierre et saint Jérôme. La tête de la Vierge est adorable de simplicité et de douceur, également la main qui tient l'enfant; les anges sont d'une naïveté délicieuse. Cette scène, véritable vision de l'au-delà, a été pensée avec force par l'Angelico.

Nous reverrons ce célèbre peintre tout à fait dans son milieu dans le cloître Saint-Marc où il était religieux.

De Lorenzetti Pietro. XIVe siècle, une toile extrêmement curieuse, d'un grand charme de naïveté, *les Anachorètes dans la Thébaïde*. Ce sujet, traité en longueur, est fort original comme composition : des rochers anguleux, escarpés, au-dessus desquels poussent des arbres; au milieu, des abbayes, des cellules de moines; au bas, des montagnes, des jardins cultivés, entourés d'eau; de vieux moines descendent de la montagne, trainés dans de petites voitures, assister à la mort de l'un d'eux ; quelques-uns prient et pleurent ; d'autres arrivent à cheval, à âne, sur un cerf, sur des lions, que sais-je ? jusqu'à un ours qui vient donner sa patte à un moine. A droite, une hydre effraye un voyageur qui veut passer l'eau. Ce tableau allégorique offre un captivant intérêt et est d'une facture peu banale.

Un Dürer : *Adoration des Mages* ; admirable, très vigoureux de coloris, très vivant et d'un dessin très savant.

Dessins : une composition de Benvenuto Cellini (un coffre), les trois Grâces, chimères, mascarons ; puis une série de dix-sept dessins de Léonard de Vinci, absolument superbes, d'un caractère extraordinaire ; une autre série de Raphaël, Pérugin ; vingt-quatre de Michel-Ange ; un de Mantegna, très beau. *Judith* mettant la tête d'Holopherne dans un sac, les draperies et les têtes d'une grande expression.

Quelques portraits de Bronzino : *Bianca Capello, Marie de Médicis, Éléonore de Tolède, femme de Cosme Ier*, etc. ; de Vasari, *Alexandre de Médicis*, en chevalier, dans le fond, une vue de Florence, puis *Laurent-le-Magnifique*, et *Cosme, Père de la Patrie*.

FIESOLE

Le 10 octobre, nous faisons une excursion à Fiesole, dans la montagne, au Nord de Florence; le point de vue en est très beau.

La basilique du XI° siècle est sobre, simple, de style toscan; le plein cintre domine; les charpentes sont apparentes; le campanile du VIII° siècle est tout de pierre.

Nous avons remarqué quelques fresques, un charmant petit autel Renaissance, des bas-reliefs de Mino da Fiesole exquis, et des céramiques de Lucca della Robbia. Sur l'autel, un tryptique très intéressant de l'école de Giotto.

Nous allons aux ruines du Théâtre Romain, dans une très belle situation; quelques gradins subsistent encore, ainsi que la scène; on peut parfaitement se rendre compte de l'ensemble. La vue, de là, est splendide; on domine un cirque de montagnes au fond duquel coule l'Arno.

En montant à gauche de la cathédrale, l'on arrive à une plate-forme. Là, le panorama est immense; on découvre les montagnes de Carrare. La petite rue tortueuse qu'on suit pour y monter est très pittoresque.

Des bambinos, en jupe rose, les cheveux bouclés, les jambes nues, d'une tonalité terre cuite, vous regardent et vous offrent des fleurs. on ne peut résister à ces bambins, ils sont charmants et l'on retrouve, dans leurs petites têtes éveillées les types très fins de Donatello, de Mino, etc.

Les vases de cuivre, dans lesquels les Fiesolaises vont chercher de l'eau, ont conservé la forme étrusque. Les objets de paille qu'elles tressent en quantité sont assez curieux. En un mot, pays très pittoresque et captivant.

En redescendant, nous visitons la *Badia*, ancien couvent, où se réunissait l'Académie platonicienne au XVI° siècle, assemblée de savants qui poussait le culte de l'antique aussi loin que possible.

♥

De Fiesole nous faisons retour à Florence.

Nouvelle visite au Palais Pitti, décrit précédemment.

Très belle galerie de tableaux des Médicis, tous, je dis tous, admirables.

Quelques salles : d'abord, celle de l'Illiade,

où se trouve une *Madone* très mondaine, du Parmesan, et une *Assomption*, d'André del Sarto, des Vinci, Véronèse, Caravage, etc., etc.

Salle de l'Éducation de Jupiter : un *Philippe IV*, de Vélasquez; des Guide, Véronèse.

Salle de Prométhée : un Lippi, superbe; de Botticelli, *Portrait de la belle Simoneta*.

Salle de Flore : un Van Dyck, *Repos en Égypte;* un Poussin.

Salle de Saturne : de Raphaël, *Vision d'Ézéchiel*, la *Madone au baldaquin*, la *Vierge à la chaise*, très connue, et tant d'autres œuvres de Raphaël, dont le *Portrait du pape Jules II* et le *Portrait du pape Léon X;* des Titien, Murillo, Pérugin; de Rembrandt, un *Portrait de vieux*, les mains jointes, remarquable; d'Albert Dürer, *Adam et Eve*.

Bref, cinq cents toiles de maîtres, toutes choisies et de toute beauté. Ces salles sont d'un grand luxe. Je citerai la *Danse des Muses*, sur fond or, de Jules Romain.

Une longue galerie fait communiquer ce Palais Pitti au Palais Vecchio, galerie traversant l'Arno sur le Ponte Vecchio, pont des plus intéressants; une foule de boutiques d'orfèvres, de maisonnettes sont collées à ce vieux pont, comme des nids, sans ordre, ce qui lui donne un pittoresque étrange.

Au-dessus est le passage couvert reliant ces deux palais, jadis rivaux.

♥

Pour revenir à deux très beaux peintres, l'Angelico et André del Sarto, pour les admirer dans leur milieu, il faut aller, pour l'un, au cloître Saint-Marc, pour l'autre, à celui dello Scalzo.

On peut passer là des heures entières dans la contemplation, dans le ravissement le plus absolu qu'on puisse imaginer.

Les cloîtres Saint-Marc et dello Scalzo.

D'abord, le cloître Saint-Marc, sur la place Annunziata, près de l'église Saint-Marc. Cette église est assez riche en dorures ; quelques tableaux du Pérugin et, en entrant, des fresques d'André del Sarto.

Il faut citer, à droite, sur la place, l'Hôpital des enfants ; au-dessus des arcades, treize médaillons d'enfants en maillot ou à demi démaillotés, céramiques de Lucca della Robbia ; ils sont très charmants, tous ces bébés. Devant, une statue équestre de Jean de Bologne, le *Grand-duc Ferdinand I*er, pas des meilleures de ce sculpteur.

Revenons au couvent où brille ce moine l'Angelico : Fresques de la *Vie de Jésus*, principalement dans la salle du Chapitre ; *le Christ en croix entre les deux larrons* ; puis vingt personnages avec des allures et des têtes de la plus grande expression. Au bas, dix-sept médaillons ; la plupart sont des portraits. Autour court une frise comme encadrement, représentant tous les prophètes. Le tout dans une gamme très douce, allant du rouge au vert pâle.

Le grand et le petit réfectoire. l'un décoré par l'Angelico, l'autre par le Ghirlandajo.

Au premier étage, face à l'entrée, d'Angelico, une *Annonciation* admirable ; à côté un *Moine embrassant le crucifix*.

Puis les cellules, au nombre de quarante, toutes avec des sujets divers peints à fresque par Fra Angelico, sujets pris dans la vie du Christ et de la Vierge. Toutes ces admirables fresques sont empreintes du plus pur sentiment religieux extatique.

Une mention spéciale à la cellule de Savonarole, où se trouvent quelques reliques et des autographes de ce grand réformateur, dont la parole ardente voulait mettre un frein à la corruption de son époque. Il fut brûlé vif, en 1498, par ordre du pape Alexandre VI, sur la place della Signoria.

Dans la Bibliothèque, des enluminures par Fra Benedetto, frère de l'Angelico, et Eustachio (sous vitrine).

♥

Passons à l'autre cloître, via Cavour, Chiostro dello Scalzo. Nous admirons André del Sarto dans ses grisailles : *La Foi, l'Espérance, le Baptême du Christ;* et divers sujets sur *saint Jean.* Très belles grisailles où la science du dessin s'élève très souvent à la hauteur de Raphaël.

Santa Croce.

De là, nous allons à Santa Croce, sorte de Panthéon de l'Italie, voir le tombeau de Michel-Ange et celui du Dante. Ces deux monuments ne sont pas très beaux comme œuvre sculpturale, mais rappellent de si puissants génies ! Plaques commémoratives à Garibaldi. Massini.

La chaire est magnifique, toute en marbre, travail d'une grande finesse.

Nous remarquons le monument de Machiavel et celui de l'Arétin; un fort beau bas-relief en pierre grise de Donatello; au-dessus des enfants en terre cuite, et le monument de Rossini.

Des fresques de Giotto : *Vie de saint Jean* et *Vie de saint François*.

Monuments de Massuppini (très riche), de Galilée, Capponi, etc., etc.

Dans le cloître, la chapelle des Pazzi, ennemis des Médicis.

♥

D'autres églises sont très curieuses, telle San Spirito, de Brunelleschi, très riche.

Saint-Laurent, où se trouvent deux chaires en bronze de Donatello, *Vie de Jésus*. Dans la sacristie, le médaillon de Laurent de Médicis, de Donatello, et d'autres œuvres de ce grand sculpteur. Saint-Laurent, datant du IVe siècle, est très ancienne, quoique reconstruite au XVe siècle; la bibliothèque abonde en manuscrits. Les Médicis ont enrichi cette église à toutes les époques.

Le Bargello.

Deux autres musées très importants sont également à étudier.

Le Musée national, dans un très beau palais, le Bargello, du XIIIe siècle, ancien palais du Podestat.

A l'entrée, collection d'armes, d'armures, canons. Dans la cour, très curieuse et historique, sont des marbres de Michel-Ange, de Donatello.

Une chapelle très jolie, ornée de fresques de Giotto en grande partie endommagées.

Puis une collection d'objets d'art sous vitrine; des nielles de toute beauté; un bas-relief en argent, *la Cène;* plus loin, des ivoires.

Dans la sixième salle, bronzes très curieux : le *David,* de Verocchio, remarquable; deux bas-reliefs, de Brunelleschi; le *Mercure,* de Jean de Bologne, d'une belle patine; le buste de Cosme Ier (1545), en cire, très bien conservé, très vivant, œuvre magnifique de Benvenuto Cellini, son *Persée* et son beau bas-relief, *Persée délivrant Andromède,* d'une coloration merveilleuse; l'animal, le monstre est fantastique de patine où le vert antique et le rouge florentin dominent. Une esquisse de Jean de Bologne, très osée, et une série d'animaux en bronze à cire perdue.

Au second étage, les salles avec poutres apparentes sont très vastes : fresques, céramiques de Lucca della Robbia. Dans la troisième salle, des tapisseries et des meubles antiques, dont un prie-Dieu tout en marbre incrusté de mosaïques du V° siècle; deux *saint Jean*, l'un de Benedetto, l'autre de Rosselino, absolument admirables de modelé et de finesse; du même, *la Vierge adorant son fils*, marbre splendide, tout autour des têtes d'enfants délicieuses. De Mino da Fiesole, une *Madone* et des médaillons très répandus par le moulage.

L'Académie des Beaux-Arts.

Passons rapidement à l'autre musée : l'Académie des Beaux-Arts.

Tableaux de l'école florentine des XIII°, XIV°, XV° siècles. Beaucoup d'Angelico, de Lippi; de Botticelli, entre autres, la fameuse toile *la*

Primavera ou *le Printemps,* admirable sujet très reproduit par la gravure.

Nous voyons aussi le Verocchio, non seulement sculpteur, mais admirable peintre, dans son *Baptême du Christ,* etc.

Dans la sculpture, le *David,* de Michel-Ange, d'une grandeur majestueuse, et des moulages d'une grande partie des œuvres de ce puissant génie.

Quelques toiles encore de l'Angelico, une *Descente de croix* admirable (on ne peut pousser plus loin le sentiment simple, calme de toutes ces figures, l'attitude du Christ est merveilleuse), et son *Jugement dernier,* divisé en compartiments étagés.

Dans les modernes, un Pasini, *le Vésuve,* et *la Bataille de Magenta,* par Giovano.

PRATO

Nous profitons de notre dimanche pour aller dans les environs, à Prato, ville bien florentine comme art.

Dans la cathédrale, assez étroite, en forme de croix latine, on remarque sur la façade une chaire décorée de magnifiques bas-reliefs en marbre, de Donatello ; ce sont des danses d'enfants, d'une composition et d'un brio étonnant. Rien que cette chaire vaut le déplacement ; on ne peut voir un ensemble plus beau, plus gracieux et mieux ordonné comme art décoratif.

Dans l'intérieur de cette église est une grille en bronze du XVe siècle, composée de rinceaux, animaux et enfants, morceau très curieux.

Dans le chœur, des fresques de Lippi ; une *Danse de Salomé*, très belle.

Près de là, un cloître assez intéressant.

Retour à Florence.

❤

Le 23 octobre, avec beaucoup de difficultés, nous avons vu l'Opéra del Duomo.

Là se trouvent les magnifiques bas-reliefs de Lucca della Robbia, *les Chanteurs*, aux têtes si expressives, et *les Rondes d'enfants*, de Donatello ; des mosaïques provenant de la cathédrale et des fragments d'architecture, des bas-reliefs de Ghiberti, Verocchio et Palliolo, des pièces d'orfèvrerie remarquables, et tant d'autres œuvres !

Lorsque ce musée sera terminé (et il l'est à

peu près à présent), il sera un des plus curieux de Florence, par les nombreuses études, les plans des coupoles, charpentes destinées à la construction de cette gigantesque cathédrale.

❤

Faut-il énumérer encore d'autres musées florentins ? C'est une année qu'il faudrait passer là : Le Musée archéologique, égyptien, étrusque ; la galerie des Arazzi, avec ses tapisseries florentines, des Gobelins, d'Arras (*l'Histoire d'Esther*), et des manufactures flamandes.

❤

2 novembre. — Excursion à San Miniato. Il fait sombre. Nous allons à la nécropole où il y a foule; le culte des morts est en grand honneur à Florence et dans toute l'Italie; couronnes, veilleuses dans de petites lanternes suspendues aux tombeaux, cierges allumés, etc.

Quelle magnifique vue, de là, sur Florence ! Un grand voile gris s'étend sur la ville et les monts environnants, et s'harmonise avec cette fête, souvenirs des Morts.

Nous sommes redescendus de la montagne couverte d'ifs et de cyprès, et sommes allés à cette autre nécropole des grands hommes de l'Italie, à Santa Croce; la nuit arrivait; nous avons parcouru rapidement le cloître, orné de la grande *Cène* de Giotto; puis nous sommes entrés dans l'église. Le demi-jour qui tombait par les grands vitraux du chœur, cette église sombre, les cierges allumés de l'autel et du catafalque, les psalmodies des chantres et enfin la voix de l'orgue, tout était d'un effet très imposant, même grandiose.

Nous sommes sortis de cette église, — il était nuit, — songeant à nos défunts, là-bas, en France, et moi à la perte récente d'un cher parent, hélas! que je ne reverrai plus jamais!

Ce fut notre Toussaint en Italie, loin des nôtres.

Nos pensées furent tristes, quoique nous fussions entourés de chefs-d'œuvre, grands consolateurs qui découragent en même temps.

PISTOIA. - CARRARE

...Nous laissons un peu Florence pour une excursion à Pise et à Carrare par Pistoia.

Nous prenons le train vers 10 heures du matin et nous arrivons à Pistoia à une heure.

Cette ville est très pittoresque, une petite Florence; les monts environnants, rameaux de la chaîne des Apennins, sont tout couverts de neige.

Nous allons directement à l'hôpital, monument du XIIIe siècle, admirer les célèbres terres cuites coloriées des della Robbia, *les Sept œuvres de la Miséricorde;* ces terres cuites (bas-reliefs) sont placées au-dessus d'arcades fort élégantes, elles ont un grand charme d'expression et de vie.

De la place du Dôme, la vue est des plus pittoresque, surtout du côté du Vieux-Marché. Nous jetons un coup d'œil au Dôme (cathédrale) qui est d'époques diverses; là, se trouvent également un della Robbia et des ornements de lui très beaux.

Dans l'intérieur, un grand autel en argent d'un beau travail d'orfèvrerie; l'histoire dit qu'on mit cent ans à l'exécuter (?) quoi qu'il en soit, c'est un travail énorme et certains bas-reliefs en sont magnifiques. Nous n'avons pu visiter le Baptistère, en réparation; il se trouve en face du Dôme et comme toujours est octogone.

♥

A 4 heures, nous repartons pour Pise et Carrare; nous laissons la ligne de Bologne à droite et filons à gauche.

Nous suivons la belle vallée de Nievole fort pittoresque : montagnes, contreforts des Apennins, villages cloués sur leurs flancs ou perchés très haut, puis un long tunnel; passé celui-ci, nous entrons dans un cirque de montagnes très colorées. Nous passons au pied de l'une d'elles dont la cîme est ornée d'une forteresse, tour et fortification.

Ce paysage d'automne est magnifique de coloris, malgré le temps un peu sombre. Le sol est rose, que dominent les oliviers gris et cette forteresse. A droite, même chose.

Nous remarquons plusieurs villages fortifiés;

jadis Pise et Florence devaient être en lutte continuelle.

Puis nous entrons dans une belle vallée au fond de laquelle se dessinent des montagnes d'une tonalité bleue; des jeunes italiennes coupent des roseaux à Pieve, Nievole.

Nous arrivons à Monte Catini, bien curieux pays perché tout là-haut sur la montagne : tours crénelées, pins sombres autour de la ville, d'autres sur les hauteurs, au loin la plaine.

Peschia, entourée également de sites montagneux.

La nuit arrive, Buggiano; Lucques, que nous reverrons en revenant, et Pise.

❤

6 heures du soir. — Nous passons la nuit dans cette ville. Le temps est abominable; aussi remettons-nous au retour la visite de cette cité des plus curieuses.

❤

Le lendemain matin, nous étions à Carrare. Diverses choses nous attiraient dans ce pays du marbre.

Nous arrivons bientôt à Massa-Carrara ; nous sommes à deux pas de la Spezzia, la grande place forte de l'Italie ; mais nous laissons cuirassés et torpilleurs pour voir ce pittoresque Carrare. Quand on pense que presque tous les monuments de l'Italie sortent de cette énorme montagne, que sculptures, statues de toutes les époques viennent de là comme matière, et que cette montagne est inépuisable !

Les femmes, les enfants de Carrare sont de vrais modèles pour artistes.

Ville très curieuse par sa colonie de sculpteurs, tous très habiles, mais actuellement peu artistes. Les grands bœufs traînant des blocs de marbre dans des chariots, les scieries hydrauliques, tout cela forme une ruche bourdonnante, grinçante, grouillante, et c'est très pittoresque.

PISE

Nous revenons le soir à Pise et le lendemain en visitons les monuments. On peut dire que Pise fut le berceau de cette belle époque : la Renaissance italienne.

Quatre monuments très remarquables sont réunis sur une même place très déserte ; ils n'en ont que plus grand aspect : la Cathédrale, le Baptistère, le Campanile et le Campo-Santo.

Le Dôme ou Cathédrale, style toscan des XI° et XII° siècles, tout de marbre blanc et noir.

La façade est des plus brillantes avec ses colonnettes superposées et étagées. Une porte de bronze du XII° siècle, ornée de bas-reliefs naïfs et singuliers. Deux autres portes de bronze, d'après les dessins de Jean de Bologne, très savants de composition.

L'intérieur est également magnifique. Les Pisans, qui étaient aux X° et XI° siècles de hardis navigateurs, ont rapporté une grande quantité de colonnes grecques qui ont été utilisées à l'intérieur du Dôme. Le plafond, à caissons, est très riche. Quelques œuvres de Cimabué et d'André del Sarto.

Le Baptistère, tout de marbre, est circulaire. Au-dedans, on remarque la fameuse chaire hexagonale de Pisano, décorée de magnifiques bas-reliefs sur la vie du Christ, avec prophètes, évangélistes, et supportée par sept collonnes; tout ce grand travail est de marbre.

Le Campanile, circulaire aussi, penché d'une façon très curieuse, a huit étages ornés chacun de colonnettes très belles; je suppose que cette inclinaison du monument, comme à Bologne, est un tour de force d'architecture.

Le Campo-Santo tire un excessif intérêt des fresques qui décorent son pourtour intérieur. La terre fut rapportée de Jérusalem.

De grands artistes ont pris part à la décoration de cette nécropole, terminée en 1283 : Giotto, Gozzoli, Memmi, les deux Orcagna dans des sujets divers, entre autres, *la Danse des Morts;* des deux derniers: des seigneurs chassent dans une forêt et s'arrêtent à la vue de tombes ouvertes où l'on voit des cadavres décomposés; c'est très beau d'exécution et terrible d'effet.

Le Jugement dernier et *l'Enfer*, conçus dans l'esprit de « la Divine Comédie » du Dante;

l'Apothéose et *le Paradis*. Personne n'est épargné dans *le Jugement dernier* : on voit en enfer des papes, des moines, des princes de l'Église.

Les vingt-trois scènes de *l'Ancien Testament*, de Benozzo Gozzoli, sont de toute beauté.

Sous les portiques sont échelonnés une grande quantité d'objets antiques, tombeaux, dont deux magnifiques : un sarcophage romain orné de centaures et de bacchantes, un autre surmonté du buste d'une Rimini.

Enfin, à midi, nous repartons pour Florence, nous arrêtant à Lucques, le pays des mouleurs et des petits gamins qui vendent des plâtres sur les quais à Paris.

LUCQUES

Les monuments lucquois se ressentent de l'influence de Pise. Le Dôme, d'architecture romane, a une façade très riche, ornée d'un saint Martin à cheval et du mendiant; les colonnes mosaïquées, très ornementées ainsi que les frises. Une toile de Fra Bartolomeo, très charmante. En somme, très belle cathédrale. Dans l'intérieur, le célèbre tombeau d'Ilaria, une des premières œuvres de la Renaissance, le moulage en est à Florence.

Saint-Michel, très brillante.

Quant à la ville, quelque peu déserte, cependant bien curieuse : de solides monuments, beaucoup de fers forgés. Nous avons remarqué une grande mosaïque sur la façade de San Frediano, basilique très ancienne, fondée par les rois lombards au VIIe siècle ; le sujet est *l'Ascension*, du plus bel effet.

Un reste d'amphithéâtre romain, dont la municipalité a tiré parti en en faisant un marché : grandeur et décadence !

Et les remparts absolument intacts. De là, la vue est très étendue sur les montagnes environnantes, les monts Pisanis. Du reste, les environs de Lucques sont très cotés comme excursions.

A cette époque d'automne, les tons jaunes, rouges, vert sombre, sont du plus harmonieux effet.

A 6 heures 1/2, à la nuit, nous prenons le train ; quel train ! un tramway, c'est pitoyable ! Enfin, à 10 heures 1/2, nous sommes de retour à Florence.

Avant de quitter Florence, ce sanctuaire d'art le plus fin, le plus délicat, aussi le plus sévère et le plus robuste, comme pour mieux mettre en relief ces œuvres exquises, nous

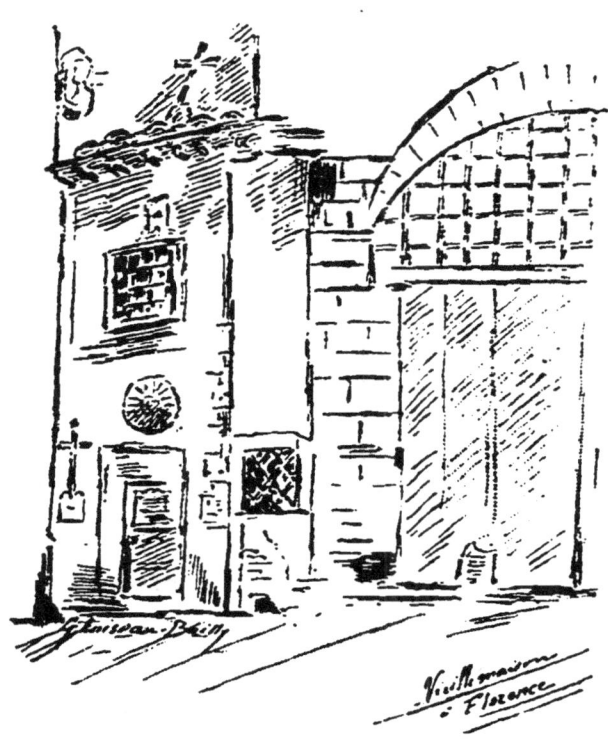

revoyons et repassons toutes ces choses admirables et nous visitons certaines rues où une trace historique reste là, gravée, et pour toujours.

Tout d'abord : la maison de ce grand penseur et poète. de ce critique terrible, de ce grand exilé, le Dante, via Dante-Alighieri. n° 2. La façade de sa maison est simple; elle est restaurée; les murs du haut sont en briques; quelques fenêtres au rez-de-chaussée, une grille et une petite porte. En face est une grosse tour carrée.

Derrière la cathédrale se trouve la maison de Donatello, cet immortel sculpteur florentin. très simple également; son buste en bronze, placé dans une niche, se détache sur un fond de mosaïque or, — et une dédicace.

Rue Faënza, dans le réfectoire d'un ancien couvent de religieux, se trouve une *Cène* attribuée à Raphaël, (à lui ou à son école). voire même à celle du Pérugin. Cette *Cène* est très belle par les expressions. les attitudes de chaque personnage. La tête du Christ est empreinte de mélancolie troublante; sa main s'appuie sur un jeune apôtre, saint Jean; Judas, seul au premier plan. regarde le spectateur; le fond est un paysage. — Bref. admirable composition, pleine de sentiment douloureux. Tout autour de cette salle sont des dessins de divers artistes qui ont traité le même sujet.

Pas bien loin de la via Nationale se trouve un sujet important de della Robbia sous verre, *Vierge et son fils*, entourés d'apôtres et de têtes d'anges, tout cela est très beau. A San Salvi se trouve le *Cenacolo* (la Cène), d'André del Sarto, très mouvementée ; les gestes des apôtres sont prompts, la tête du Christ est belle d'expression. On y admire aussi cette autre fresque du Bronzino, *Jésus et la Samaritaine.*

♥

A voir comme souvenirs les maisons de Galilée, de Machiavel, de Michel-Ange où se trouvent réunis une grande quantité d'œuvres, d'esquisses, de dessins du Maître ; de Cellini, ce prestigieux orfèvre, sculpteur, doublé d'un spadassin hors ligne (lire ses Mémoires et ceux de la belle Bianca Capello, femme de François de Médicis, dont Alexandre Dumas parle tant dans ses « Médicis ».

Et les palais Corsini, Strozzi des XVe et XVIe siècles, le palais Riccardi, ancienne demeure des Médicis, où se trouve la belle chapelle des Médicis, décorée de fresques de Benozzo Gozzoli, la Bibliothèque, où l'on remarque les manuscrits de Pétrarque, Dante, Machiavel, Galilée, etc., etc.

...Dans les environs : les Cascine, qui ont quatre kilomètres de long, sorte de bois de Boulogne de Florence, promenade favorite de

Crispi, que nous voyions souvent pendant notre séjour la parcourir presque toujours seul, et cette Chartreuse d'Emma, très instructive, particulièrement intéressante, construite comme un château féodal, offrant de superbes points de vue et contenant à l'intérieur beaucoup d'œuvres remarquables.

♥

Il nous faut pourtant nous arracher de Florence et continuer nos études et pérégrinations vers Rome. Rome qui attire tant ! Aussi plions-nous nos bagages, toujours avec ce regret mélangé d'inquiétude au sujet des curiosités à venir toujours nouvelles, et par un temps magnifique, le 7 novembre, nous disons adieu à Florence pour Rome par Empoli, Sienne, nous arrêtant quelques jours dans cette dernière ville, et Pérouse, centre de cette belle école d'Ombrie.

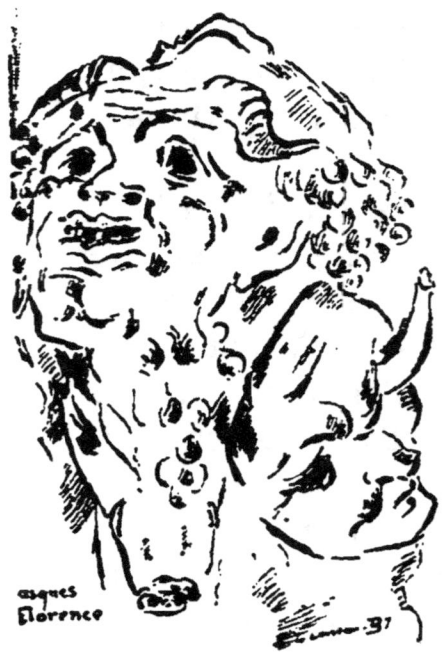

♥

Nous quittons Florence et ses admirables souvenirs le 7 novembre, à 11 heures 35. Le temps est magnifique.

Nous prenons la ligne de Sienne, par Empoli. Nous traversons l'Ombrone, l'Arno; la vallée est très cultivée.

D'Empoli à Sienne, à droite, en amphithéâtre et sur la hauteur, San Miniato al Tedesco, ville magnifiquement située, entourée de tours crénelées Moyen-Age.

Avant d'entrer en gare de Certaldo, nous apercevons l'imposante silhouette de San Gimignano et ses tours très hautes, moyenâgeuses.

Certaldo renferme certains souvenirs de Boccace; il y vécut, on y voit sa maison, il y mourut. Au-dessus de la ville, face à la station, un château et d'anciennes tours très pittoresques; la rivière coule au pied.

Plus loin, avant d'arriver à Sienne, la campagne est très variée; par-ci par-là, sont des ruines de vieux châteaux-forts dont l'un, particulièrement, entouré d'un torrent que l'on franchit deux ou trois fois. Puis un tunnel sous le mont San Dalmazzo, et à 4 heures nous arrivons à Sienne.

SIENNE

Sienne est une très pittoresque et originale ville. Après un repos à l'hôtel, nous la parcourons. D'abord, place Victor-Emmanuel, au centre, l'ancien forum de la république, en forme d'arène ou de conque. En face, se dresse, majestueux, le vieux palais communal, flanqué de sa haute tour del Mangia, très imposante.

Nous continuons notre promenade, au crépuscule, autour de la cathédrale et à l'intérieur. Nous reviendrons sur celle-ci. Quel luxe de richesses ! Mélange de gothique et de renaissance; effet saisissant.

Les rues tortueuses, accidentées, le vieux palais, tout, dans cette ville, a un cachet particulier. Il fait nuit; nous remettons au lendemain afin de mieux voir en détail cette curieuse ville.

♥

Le 8 novembre, nous consacrons notre première visite à la cathédrale, du XIIIᵉ siècle, sa façade est du XIVᵉ. On est tout d'abord frappé par sa richesse de marbres de différentes couleurs.

En entrant, bénitiers renaissance, très ornementés, sujets variés composés de têtes d'anges, de prisonniers enchaînés; tortues supportant la colonne du milieu; bas-reliefs divers. etc., etc.

Le sol est pavé de mosaïques représentant des batailles, des sibylles. Les chapiteaux des colonnes sont très ornés : figures dans un enroulement de feuilles d'acanthe. A la frise, portraits de papes divers. Voussures étoilées. Le quatrième autel a une très fine décoration; l'entrée de la sacristie également, et tout cela de marbre.

Dans l'intérieur d'une des chapelles (la *Libreria*) sont des fresques admirables, d'une grande fraîcheur, du Pinturicchio, sur les compositions de Raphaël. Dix grandes fresques : *Vie de Pie II* (Æneas Sylvius). de Raphaël.

Collections de missels et enluminures.

Sur les gros piliers du chœur, huit anges de bronze portant des torchères; sur l'autel également. Puis la fameuse chaire octogonale toute de marbre; Nicolas de Pise en fut l'auteur et le sculpteur.

Pour en revenir à cette chapelle d'Æneas Sylvius, ce fut Pie III qui fit appeler Pinturicchio à Sienne pour la décorer. Raphaël, son élève, de trente ans plus jeune, avait déjà commencé; les cartons sont de lui. Mais on parlait beaucoup de Léonard de Vinci et de Michel-Ange, à Florence: Raphaël partit pour cette ville, Pinturicchio l'y suivit et devint à son tour son élève.

♥

Dans toutes les principales villes d'Italie sont de grands et beaux musées. Ici, c'est la Galerie des Beaux-Arts.

On peut y admirer des retables byzantins, des œuvres de Duccio (1310). Ce peintre adoré des Siennois représente dans toute leur naïveté les sujets mystiques : *Vie de Jésus, Saint François*, etc.

Dans la deuxième salle se trouve l'école du Pérugin et de Beccafumi; puis toute une série de primitifs, et le Pinturicchio dans une *Sainte Famille* adorable.

Une fresque concave du Sodoma : *La Résurrection*, groupe d'hommes et de femmes nus, très bien dessinés et de belle expression. Une autre : *Jésus au mont des Oliviers*, d'un grand sentiment, etc.

♥

De l'église Servi di Maria, la vue s'étend très belle sur la ville, sur la grande tour communale, la cathédrale et toutes les maisons en amphithéâtre.

Dans l'intérieur de cette église sont des primitifs : *Le Massacre des Innocents*, de Matteo.

Cette église, de la fin du XVe siècle, est en briques, le portail est inachevé; son campanile est également de briques.

Vue du haut de la tour Mangia, Sienne présente la forme d'une étoile de 7 kilomètres de circonférence. Anciennement trente-huit portes fortifiées y donnaient accès.

Cette ville eut à soutenir de terribles guerres. Elle était peuplée de 200,000 habitants; aujourd'hui, à peine 8,000. La peste de 1348 détruisit trois quartiers de la ville et les luttes terribles qu'elle soutint achevèrent le reste.

Pline et Tacite disent que Sienne fut une des vingt-huit colonies militaires romaines. *Senae* signifiait union de divers bourgs en une seule cité.

Elle fut toujours gibeline; elle engagea des luttes épouvantables avec Florence : la bataille de Monteporto. à 12 kilomètres, en fait foi; on dit que la rivière, l'Arbia, en fut toute colorée de rouge (1260). Ce fut la défaite du parti guelfe; 10.000 Florentins y restèrent, 15,000 furent prisonniers.

Mais Charles d'Anjou et Urbain IV relevèrent leurs espérances, il y eut pendant trois jours luttes par les rues, dans les églises, de maisons en maisons, corps à corps. Les Guelfes finirent par triompher et en eurent grande reconnaissance envers les Français.

Puis Sienne subit une nouvelle invasion d'Espagnols, en 1554 (bataille de Scamagallo), et les pauvres Siennois tombèrent dans une navrante misère. En 1559, à Cateau-Cambrésis, Espagnols et Français conclurent la paix. Sienne fut vendue à Cosme de Médicis, puis passa à la maison de Lorraine.

Nulle part, en Italie, la vie n'a été aussi tragique qu'à Sienne.

Tout décèle en cette cité, par ses fortes murailles, par ses maisons qui sont presque des forteresses hérissées de créneaux, les effroyables luttes du Moyen-Age.

♥

Revenons aux arts, ces grands consolateurs.

Au palais communal, de très belles salles de peinture, entre autres un *Couronnement de la Vierge*, de 1445 ; une *Sainte Catherine*, la grande sainte de Sienne. Puis le Sodoma avec une *Résurrection* (fresque encadrée), un Francesco.

Au 1er étage, se trouve la salle du Grand-Conseil, très vaste et ornée d'immenses fresques quelque peu détériorées, principalement du Sodoma. *Sainte Catherine* et *Saint Bernard* ont les honneurs de cette salle.

Dans la chapelle, un bénitier bronze et marbre, de 1428, et une grille en fer forgé ; des fresques décorent les murs : *Vie de la Vierge*, par Taddeo. Les stalles sont en marqueterie remarquable ; en somme, très belle chapelle.

Dans d'autres salles, une fresque assez curieuse : *Le bon et le mauvais Gouvernement*, sujet politique.

Tapisseries des Gobelins et florentines. Une porte de marbre très belle.

Saint Jean, sous le dôme. Baptistère renaissance, en marbre, très richement décoré; vie de *Saint Jean*.

A remarquer aussi le palais de la Poste (Strozzi) — *(In felice alla Patria)*.

♥

Le soir, — car Sienne, le soir, est particulièrement intéressante et même impressionnante, — nous faisons une promenade toute de sensation historique : Nous nous arrêtons d'abord en contemplation devant ce palais communal qui se dessine vivement comme une forteresse imprenable, flanquée de cette haute tour de 102 mètres, crénelée, du XIVe siècle. Cette place, demi-circulaire, me rappelle un peu la place d'Armes de Dijon, mais en conque ou cuvette, ce qui ajoute une note étrange à ce cadre belliqueux et sombre. Les rues aux falots de fer forgé sont étranges et mystérieuses.

Enfin, Sienne est et restera encore longtemps une ville du plus empoignant intérêt.

♥

Il faut, dans un voyage artistique en Italie, savoir s'éloigner quelquefois et voir certains petits coins, quelques bourgades qui ont conservé mieux que les villes leur cachet absolument intact, soit du Moyen-Age, soit de la Renaissance, soit même d'époques plus éloignées, tel San Gimignano.

Nous profitons d'un Dimanche pour faire cette pérégrination. Debout à 6 heures du matin, nous prenons le train de Sienne pour Pogibonzi où nous arrivons vers 9 heures. Puis nous marchons à pied jusqu'à San Gimignano; environ 10 kilomètres.

Le temps est superbe. Arrivés à mi-chemin, nous prenons une sente de traverse et nous gravissons une montagne toute couverte d'oliviers. Nous suivons ce chemin bordé de thuyas et de cyprès; sur l'autre versant, San Gimignano se dessine nettement avec ses remparts et ses tours, rappelant quelque peu Vézelay (Yonne) comme situation, mais beaucoup plus élevé (350 mètres d'altitude).

SAN GIMIGNANO

A 11 heures, nous entrons dans cette curieuse cité, tout à fait Moyen-Age. Ses remparts

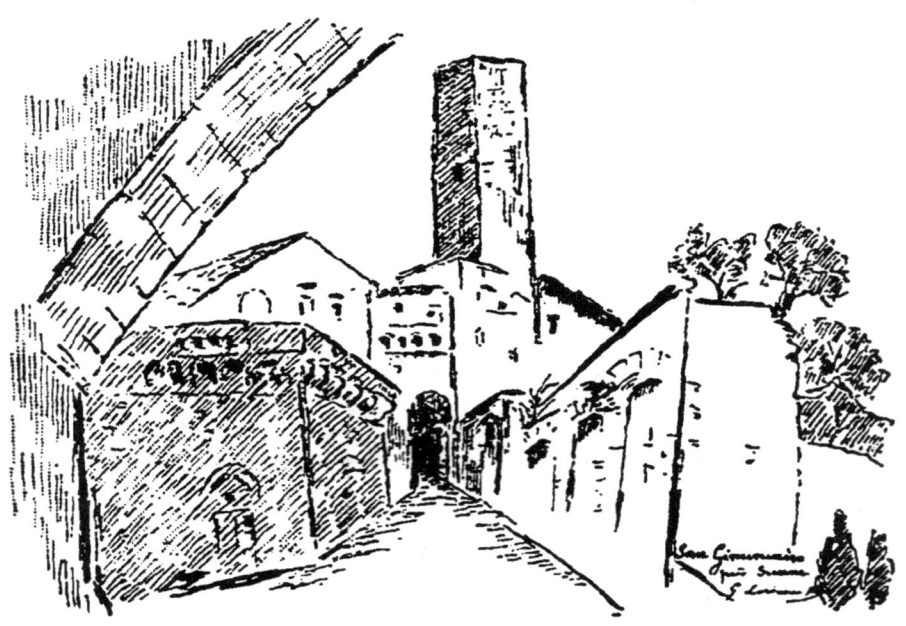

et ses imposantes tours de distance en distance sont très bien conservés.

Nous traversons la porte Saint-Jean. Les rues sont étroites; les habitants, les enfants sont là bien chez eux, dans ce coin reculé; ils sont comme en famille, s'amusent gaiement.

Nous visitons quelques monuments :

San Agostino, du XIIIᵉ siècle. Dans le chœur, une fresque de Benozzo Gozzoli et cinq autres sur les murs représentant la *Vie de Saint François d'Assise*; elles sont en bon état, pleines de vie et d'expression; d'autres, de 1300 et 1494.

Un très bel autel de marbre, couronné par une Vierge charmante, entourée d'anges.

Près de la chaire, saint Augustin ou quelque autre étend son manteau sur le peuple pour le préserver de la peste; des flèches tombent et se brisent à ses pieds; des hommes à gauche et des femmes à droite, à genoux. Cette fresque de Gozzoli est magnifique.

Dans le palais communal se trouve un véritable musée : en particulier, une *Assomption*, du Pinturicchio, et une *Annonciation*, de Filippino.

Un autel (fermé à clef), marbre Renaissance, et des fresques de Ghirlandajo : une *Annonciation*; les mouvements en sont simples, les têtes splendides, surtout celle de la Vierge, une des plus belles que nous ayons vues, tant le sentiment religieux, à cette époque, est poussé loin.

Un *Saint Sébastien*, de Gozzoli, criblé de

flèches. les archers bien campés. La Collégiale, du XII⁰ siècle. pleins cintres surbaissés: la voûte est peinte, les chapiteaux sont des plus primitifs. On y remarque des fresques de Ghirlandajo, de Gozzoli, etc.

D'autres monuments sont à voir, mais le temps nous manque; nous quittons cette intéressante cité vers 3 heures, à travers une campagne d'un grand caractère.

De la place publique nous jetons un regard sur le panorama, hérissé de montagnes, qui se déroule autour de ce plateau élevé. Ces monts s'estompent en tons fins, éclairés par un soleil oblique. Au pied de ces monts, les champs courent vallonnés, plantés d'oliviers aux tons gris; les autres arbres, aux tonalités d'automne jaune et rouge, brisées par des masses vert sombre de thuyas et d'ifs. donnent une grande couleur et un beau caractère à ce paysage.

Plus loin, les montagnes sont bleu sombre. Le couchant est très nuageux et la pluie menace sur Livourne.

Nous descendons vite la montagne et prenons au plus direct; nous grimpons une montée à pic entre des chênes roux et des genêts, traversons une propriété près de laquelle est un monument surmonté d'une coupole du XVIe siècle, souvenir sans doute d'un Acciaiolus, etc., d'après l'inscription. Puis nous redescendons ce pittoresque chemin, les grands ifs vert sombre nous suivent.

Enfin nous rejoignons la route, près d'une madone, et, à 5 heures, arrivons à Pogibonzi.

Comme le train pour Sienne ne part qu'à 8 heures, nous avons largement le temps d'aller nous reposer et nous réconforter à l'hôtel de l'Aquila. La rue est très animée.

Nous entrons dans la cuisine, une énorme cheminée de campagne, chenets et autres ustensiles en fer forgé. La matrone nous montre des oiseaux. Nous attendons à table et remarquons beaucoup de complaisance parmi tous ces contadini autour de nous.

Un campagnard fit une bonne partie de la route avec nous, essayant dans son patois de nous expliquer le pays. Conversation hachée.

Enfin, après un succulent repas bien gagné, nous faisons retour à Sienne.

De SIENNE à PÉROUSE

Le 11 novembre, à 9 heures du matin, nous partons pour Pérouse par Asciano, Terontola, le lac Trasimène.

Il fait un beau soleil; le train part gaiement et rapidement à travers la campagne montagneuse, bien cultivée; la ligne décrit plusieurs courbes; après avoir traversé un petit tunnel et l'Ombrone, on arrive à Arbia.

Départ pour Asciano, bifurcation.

Un autre tunnel. Les montagnes s'étagent, se silhouettent nettement au loin; les arbres ont perdu leurs feuilles.

Puis une succession de monticules arides, très curieux, à gauche de la voie. Plus de végétation. Pays bosselé; on dirait presque un pays lunaire, moins les volcans.

Deux ifs, puis deux autres, et continuation des remous étranges, un petit bois malingre; enfin, un troupeau de moutons; plus loin, une ferme qui doit être bien maigre, comme ce pays mélancolique et triste.

Castelnuovo, Barardenga ; où diable sont les pays ? Les bossellements couleur d'ocre jaune foncé et brun continuent, arides, sans arbres. Un tunnel ; peut-être quittons-nous ce désert d'aspect désolé et sauvage. Erreur ! La même chose continue, se poursuit ; encore un troupeau et quelques genêts, un chêne, des oliviers, une ferme et une route bordée d'ifs.

Nous traversons une rivière ; ce coup-ci, c'est sans doute la fin du désert.

Une série de tunnels, décidément, ils sont forts pour les tunnels, les italiens.

La campagne devient plus riante, toute parsemée d'oliviers ; à droite, cependant, les monticules continuent ; nous approchons de hautes montagnes couvertes de neige, les Apennins.

Enfin Asciano, très pittoresque. Il est 10 heures. Nous brûlons d'envie de faire une excursion à Monte Olivetto Magiore, célèbre abbaye à 9 kilomètres de là ; mais les pluies de la veille ont détrempé les routes, nous y renonçons.

Nous cherchons à voir Asciano, pas de pays ; peut-être là bas au milieu des oliviers.

Le train se dirige directement vers les Apennins couverts de neige, à travers des terres de labour. La ligne monte, nour marchons lentement.

Rapolano, perché assez haut ; quelques restes de vieilles murailles, porte crénelée flanquée d'énormes tours rondes en ruine, qui donnent de l'aspect à cette contrée. La vue, du reste, est assez belle.

Établissement sulfureux.

Le pays devient de plus en plus montagneux, accidenté ; sur un plateau se détache un gros bourg, entouré d'arbres verts et roux d'un coloris très chaud. A gauche, un vieux château-fort et une chapelle, de très beaux chênes complètent le caractère de cette rude nature ; genêts, chênes roux longent la voie.

Il eût été délicieux de s'arrêter, admirer, assouvir ses yeux de ces couleurs fauves de fin de saison, de cet automne d'Italie si empoignant.

Nous sommes dans un défilé ; puis la plaine reparaît.

Lucignano ; des courges poussent sur les toits. Seuls dans notre compartiment, il nous est loisible de voir de droite et de gauche. Le conducteur du train est même d'une obligeance obséquieuse envers nous.

11 heures 30. Nous traversons une rivière canalisée. Au loin, des montagnes bleues. De grands bœufs conduisent des charrettes, un village se détache derrière en amphithéâtre.

Sinalunga et Torrita. Nous faisons un long détour dans une plaine marécageuse; des petits bergers mènent leurs troupeaux.

Montepulciano. à 12 kilomètres de la station, 632 mètres d'altitude. pays de bon vin. Nous filons entre deux lacs; le lac de Chiusi est entouré de collines très arides. la campagne est agréable.

Chiusi, une heure et demie d'arrêt. Il est une heure et diable !... Nous passons rapidement au buffet. Le temps est superbe.

2 heures 36. Nous repartons exactement, ce qui est extraordinaire, pour Terontola.

Nous laissons Chiusi, ses oliviers et ses flaques d'eau jaunâtre, la vallée devient accidentée; des troupes de cochons noirs paissent, des oliviers entourent un village collé contre la montagne, ils moutonnent jusqu'au haut.

Panicule. ville fortifiée, tours en ruine; ces villes Moyen-Age, bien situées pour leur défense. se trouvent en grand nombre dans ces pays de montagnes. perchées très haut, elles ont beaucoup d'aspect.

Des bœufs traînent lentement ou la charrue ou des charrettes rouges; enfin nous jouissons d'une belle vue sur le fameux lac Trasimène, de si célèbre mémoire par la défaite du consul Flaminius par Annibal (217 avant J.-C.)

L'eau est d'un admirable bleu, et dans le fond, les montagnes, très fines de tons, s'y reflètent.

Castiglione del Lago, sur son plateau dominant le lac, entourée de vieux remparts.

Nous approchons de la pointe extrême du lac qui a 12 kilomètres de long sur autant de large environ. Les créneaux de Castiglione, ainsi que ses deux grosses tours, se mirent dans l'eau.

De loin en loin, des villages également, et cela nous rappelle notre beau lac du Bourget. Notre pensée est pour la France.

Pendant quatre heures nous eûmes le temps d'admirer le lac de Trasimène. La nuit vient; il disparaît comme un rêve, et, à 9 heures du soir, nous arrivons à Pérouse.

Douze heures de chemin de fer. Ce fut laborieux, intéressant, instructif, parfois monotone et ennuyeux; mais quelle variété de nature depuis Sienne! Tout y est, du triste et lamentable au gracieux, et du gracieux aux coins âpres et sauvages.

PÉROUSE

Jadis capitale de l'Ombrie, Pérouse se trouve à 520 mètres d'altitude, dans un site très pittoresque.

Si l'on juge Pérouse par ses anciens remparts, cette ville devait être très forte au Moyen-Age; ses rues tortueuses, avec des passages sous des arcs, lui donnent un curieux aspect.

Il faut faire le voyage de Pérouse pour admirer Pietro Vanucci, dit le Pérugin, le maître de Raphaël. Toute leur vie, ces deux grands artistes nourrirent une grande amitié réciproque et touchante; très souvent, dans ses sujets, Raphaël met le portrait de son maître bien-aimé et Pérugin fait de même avec son élève.

Pérugin, qui a produit une quantité considérable de sujets religieux, se ressent encore du XIIIe et du XIVe siècle par la raideur de ses

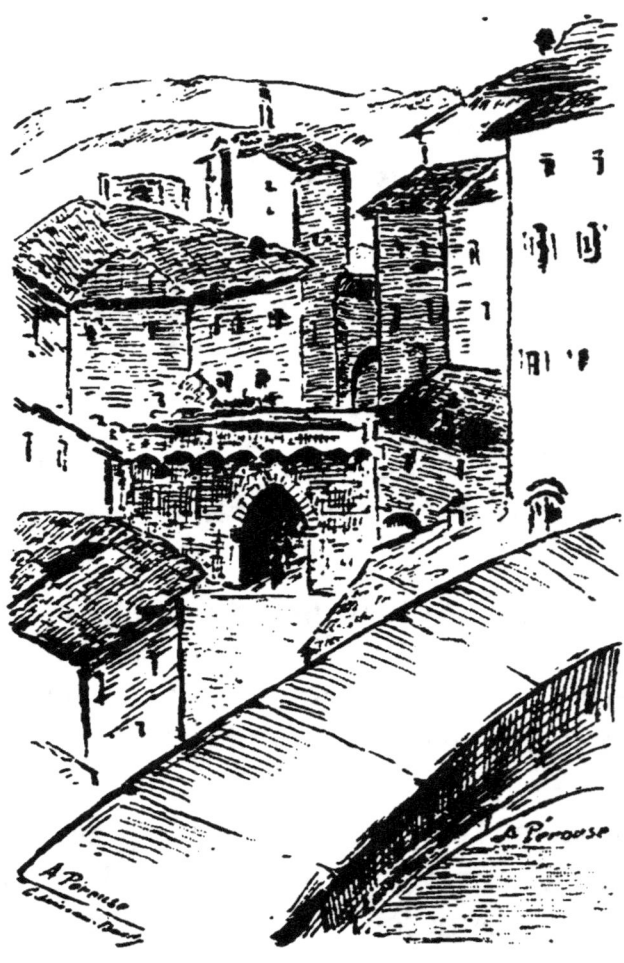

figures, mais le dessin en est admirable et la coloration très belle; le sentiment y est parfois sublime.

Voyons rapidement quelques monuments.

Tout d'abord, le Dôme, qui est de toutes les époques : trois nefs, celle du milieu très vaste; arcs surbaissés; les colonnes hexagonales ou octogonales en marbre veiné rouge, chapiteaux dorés. En entrant, les tombeaux de différents papes.

Dans une chapelle de droite, un tableau d'autel très curieux : Madone entre quatre saints, l'un, saint Jérôme, effroyablement maigre; un ange joue du luth, ses jambes sont longues et maigres; beaucoup de réalisme dans ce sujet. A un pilier et sous verre, la *Santissima Madona della Gracia*, très vénérée.

San Domenico, du XIVe siècle. Une fresque charmante dans une petite chapelle. Dans la sacristie, cinq tableaux du Pérugin. *Moines*, très intéressants. Une *Vierge*, du Parmesan, *Jésus et Saint Jean*, premier travail de Raphaël. Un tombeau Renaissance d'un pape, très beau. Les stalles du chœur absolument magnifiques.

Une fresque de Bonfigli, le maître du Pérugin. Nous avons remarqué un autel en marbre de Mino da Fiesole, d'un art fin et délicat. Le *Christ à Gethsemani*, de Guido Reni ; belle scène dramatique. La grande nef est remarquable : pleins cintres, chapiteaux ioniques, colonnes de marbre, voûte en bois sculpté et doré.

Dans la Pinacothèque Vanucci, nous avons remarqué : première salle, des Primitifs. Deuxième salle, des enluminures et fresques de Bonfigli. Troisième et quatrième salles, une très belle *Vierge à genoux devant son fils*, la tête d'une belle expression, quatre anges jouent des instruments de musique. Cinquième salle, une *Annonciation*, de Bonfigli. Septième salle, le *Couronnement de la Vierge*, du Pérugin, belle composition, très douce de coloris, très harmonieuse. La salle 9 est toute à Pérugin, son buste est au milieu.

Tous ces sujets sont très beaux, entre autres : une *Nativité*, composition symétrique et pittoresque, la Vierge, admirable de simplicité ; une *Pieta*, sublime ; le *Baptême du Christ*, d'une grande fraîcheur de coloris, le geste de saint Jean est noble, coloris blond et d'un dessin irréprochable, la campagne faisant fond s'harmonise admirablement, bref, un chef-d'œuvre ; un *saint Sébastien*, un *saint Jérôme dans le désert*, etc., etc. Nous avons observé un autographe du Pérugin, l'écriture en est fine, droite et régulière.

La salle 11 appartient au Pinturicchio. Dans un retable, dix petites scènes de ce maître, beau dessin, coloris chaud, têtes très-expressives. Une fresque du Pérugin. *Nativité*.

Des Spagna et beaucoup d'Alfani dont son buste en céramique.

Encore quelques salles à voir. Cette Pinacothèque est magnifique ; quantité de Primitifs sont réunis là, provenant d'églises, de couvents supprimés ; il vaudrait certainement mieux les voir dans leur milieu, mais, réunis, on peut mieux comparer les progrès successifs de la peinture ombrienne.

♥

Le temps dehors est horrible et n'a pas l'air de vouloir changer. C'est la saison ! Tout est gris, triste, impossible de sortir, — car Pérouse est admirablement située pour jouir d'un panorama étendu ; — tout disparaît dans le brouillard et la pluie.

13 novembre. — Enfin le beau temps est revenu ; nous finissons la visite de notre musée Vanucci que je ne quitterai pas sans parler de la salle de l'Angelico — Beato Angelico, — dont nous avons déjà parlé à Florence ; grand admirateur de Savonarole, il s'était réfugié à Pérouse ; nous le reverrons à Assise. Ici, quelques toiles extatiques superbes : *Saintes Familles*, une *sainte Catherine de Sienne*, très belle, et *saint Thomas d'Aquin*, etc.

♥

Il Cambio *(le Change)*, beau palais du XVe siècle décoré par Pérugin : six fresques, allégories sur la *Justice*; d'autres, *Force et Tempérance, Transfiguration et Nativité du Christ*; toutes ces fresques, très douces et très belles, sont bien conservées. Boiseries et marqueteries d'après des dessins du Pérugin. La chapelle Saint-Jean, toute petite mais bien décorée (école du Pérugin).

Dans l'ancien couvent San Severo, au-dessus d'une belle porte solidement construite, on voit la première fresque de Raphaël : *Le Christ et son Père*, assis entre deux anges, trois saints à droite, trois à gauche, etc.; composition symétrique, se ressentant du Pérugin, mais d'un coloris plus vigoureux et même plus largement exécuté.

De San Severo, la vue s'étend large, grande sur les Apennins, sur Assise, au flanc de sa montagne; au loin, Foligno. Toute cette vallée est fort belle. La neige couronne le haut des montagnes.

Nous faisons une promenade autour des remparts; nous voyons en passant l'Arc d'Auguste, porte étrusque.

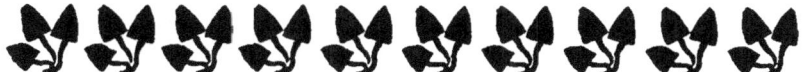

ASSISE

Le 14 novembre, à 8 heures 1/2 du matin, nous partons pour Assise. Le temps est beau. Naturellement nous traversons trois tunnels; la ligne fait une grande courbe. A la première station, vue sur Pérouse, bâtie en amphithéâtre. Nous passons à côté du tombeau de Volumnie, nécropole étrusque, et pour la première fois traversons le Tibre dans un vallon très beau, très pittoresque; un vieux pont de pierre est à droite. Nous arrivons à 9 heures 1/2 à Assise.

La ville est à 4 kilomètres, une belle route y mène; nous allons à pied, laissant les *vetturino*, qui suivent pas à pas les voyageurs. « Per mezze lire! signor, » — « Niente! » Nous descendons à l'hôtel du Lion, grande auberge qui se donne des airs de grand hôtel : piano, salle de lecture, bouquins anglais, journaux anglais. Je découvre cependant un roman français, *Mémoires de deux jeunes mariés*, par Ch. Joliet. Enfin, passons...

Assise est une ville morte, mais tout à fait morte ; elle pourrait contenir 15 à 20.000 habitants ; 9.000 tout juste doivent s'y ennuyer profondément. De là, la chasse aux Anglais, histoire de se distraire. Et cependant ce couvent de Franciscains, véritable forteresse (1228-1230) est là, fière, solide encore, chef-d'œuvre du christianisme mystique. A côté de guerres sans répit ni merci, de tueries effroyables, l'idée mystique exaltée était la conséquence des mœurs du XIIIe siècle, et, dans cette admirable basilique de Saint-François, nous verrons se dérouler sur ses murs toutes les aspirations ardentes, toutes les plaintes, toutes les joies du Moyen-Age.

Dans la ville, un temple romain consacré à Minerve et dont il ne reste que la colonnade ou portique, on en a tiré parti en y greffant une église. Ce temple est étranglé par d'autres maisons s'y appuyant. O Minerve antique !

A gauche, la grosse tour du Palais Communal. Le Dôme, dont la porte romane et la façade sont intéressantes (XIIe siècle).

Mais allons à San Francesco (Saint François d'Assise).

Deux églises superposées (XIIIe siècle) et une crypte où se trouve le tombeau du saint. Donc trois églises. Celle du milieu est sombre, aux grands arcs surbaissés, la porte dessinée par Giotto; toutes les fresques du chœur sont de lui, *Vie de Saint François,* et elles sont très belles de sentiment. Nous voyons, dans ces églises superposées, Cimabué très primitif, byzantin, puis Giotto plus personnel, et, sous ces voûtes sombres, l'impression est vive, au milieu de ces fresques aux gestes hiératiques et sévères. Gaddi, Simone Memmi, etc., s'y sont donné rendez-vous.

Deux cloîtres, superposés également. Dans un vaste réfectoire, une *Cène,* du XVIe siècle, bien curieuse.

Dans l'église supérieure ogivale, les vitraux chantent, pour ainsi dire, l'apothéose de saint François. Fresques remarquables de Cimabué et de Giotto, l'ami de Dante; chaire finement travaillée, etc.

❤

Pour terminer, nous visitons un couvent de Capucins où une fresque horrible représente un massacre de moines, écartelés, étripés, mis en croix, écharpés, que sais-je? C'est du musée Grévin! musée des Horreurs!

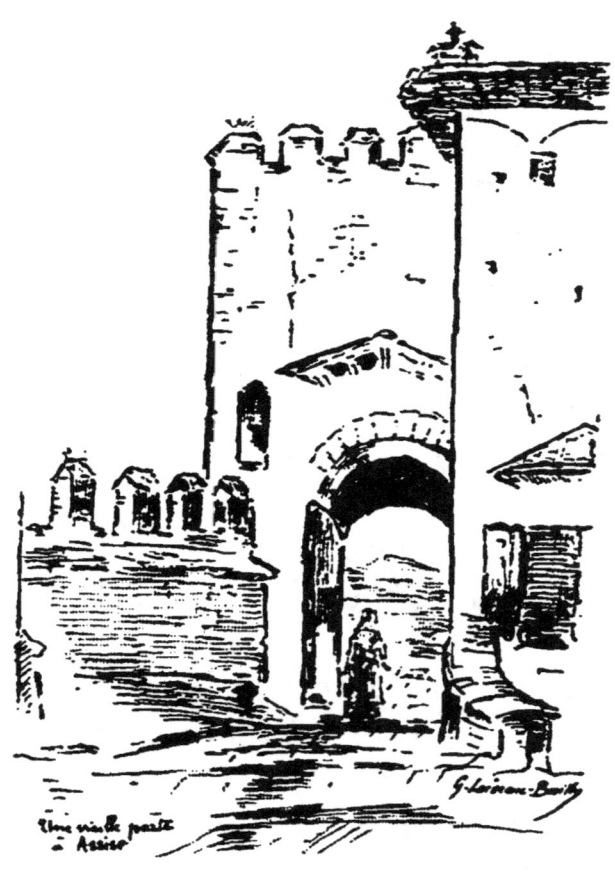

Une vieille porte à Assise

Les rues accidentées montent sans cesse. Dominant la ville, à la crête du mont, se trouve bien assis, un énorme château féodal en ruine, aux remparts à pic, au-dessus d'un torrent.

Plus à gauche, le mont Subasio, dans les nuages. C'est une agréable excursion à faire, mais par des chemins impossibles; la vue, admirable, compense ce chemin abrupt.

Enfin, le 15 novembre, nous quittons Assise et là-bas, à deux pas, Pérouse la rivale, pour Rome, Rome qui nous attire, Rome la Ville éternelle! « Cette antique terre de Saturne, ce peuple du Tibre et des sept montagnes ». (Voltaire).

Le 15 novembre, le temps est magnifique; nous allons à pied à la station, assez éloignée.

Le départ étant à 9 heures 1/2, nous avons le temps de voir, près de cette station d'Assise, la basilique de Santa Maria degli Angeli, très vaste, de style rococo.

L'endroit où elle est bâtie est intéressant et historique; ce fut là le berceau de l'ordre de Saint-François-d'Assise.

Dans les temps reculés, à cette place était la forêt de Subasio; à présent, c'est une grande plaine très cultivée, enserrée entre les Apennins et leurs contreforts. L'oratoire et la cellule du saint se trouvent sous la coupole de cette basilique; saint François, au milieu de cette forêt, était grand amant de la nature.

Taine dit qu'il appelait l'eau, le feu, le soleil, ses frères ; il prêchait les oiseaux, rachetait, en donnant son manteau, les agneaux qu'on portait au marché ; les lièvres, les faisans, se réfugiaient dans les plis de sa robe, son cœur débordait sur toutes les créatures...

Il faut se reporter à cette époque du XIIIe siècle pour comprendre cette exaltation sublime ; tout étant exaltation, guerres, tueries sauvages, religion extatique, il était donc tout naturel que l'on eût également des idées ardentes, enthousiastes, allant jusqu'au paroxysme de la pensée humaine.

♥

Laissons l'Ombrie et voyons d'autres régions.

Nous arrivons bientôt à Foligno où se trouve l'embranchement pour Rome.

Nous remarquons de grandes tours carrées, des dômes, puis, entre deux montagnes, Trevi en amphithéâtre sur la montagne en forme de cône ; en haut, l'église ; en bas, les oliviers gris. Derrière ce cône, d'autres montagnes couvertes également d'oliviers ; la neige couronne les hauteurs.

A gauche, de hautes montagnes boisées, des villages sur leurs flancs, un vieux château qui se silhouette bien, et Spolète dominée par une citadelle. Toutes ces villes sont pittoresquement situées.

Spolète se trouve un peu dans la brume, sur le versant d'une haute montagne.

Nous montons la vallée de la Maroggia en zigzag, très accidentée : des bois, des sapins, des excavations; rien ne manque à l'aspect sauvage de cette vallée. Le torrent bondit et forme une cascade.

Tunnel de Balduini. 2 kilomètres environ. Nous sommes à 700 mètres d'altitude et redescendons très vite à travers une gorge des plus sauvage.

Vingt fois nous franchissons un autre torrent. Au faîte des pics les plus élevés, comme des nids d'aigle, sont perchés des villages et des tours crénelées.

A midi, nous arrivons à Terni, pays d'usines. Ses cascades sont les plus belles d'Italie.

Après Marni, on entre dans une autre gorge. Nous suivons la Nera et nous sommes dans les montagnes de la Sabine.

Orte. La vallée est marécageuse. Nous franchissons le Tibre; on le suit à droite et nous arrivons dans les environs de Rome.

La Campagne de Rome.

La Campagne de Rome. Dieu! quelle tristesse! quelle mélancolie!

« Dans ces chemins où jadis, dit un auteur
« ancien, de tous les coins de l'univers, les
« rois, les nations accouraient, où roulaient
« les chars de triomphe, qu'inondaient les ar-
« mées romaines, où le voyageur rencontrait
« César, Cicéron, Auguste, plus rien, des péle-
« rins, des mendiants. »

Et cependant, cette Campagne a son caractère très particulier avec ses monticules qui paraissent être autant de tombes de cohortes englouties dans cette grande plaine déserte, où souffle le vent qui donne la fièvre, la *malaria*.

Quelques maigres troupeaux de moutons; leurs bergers, quelquefois à cheval, d'autres fois appuyés sur des bâtons, regardent longuement au loin... Leurs costumes sont pittoresques avec leurs peaux sur les jambes; ceux des femmes le sont également.

Le train nous emporte rapidement à travers ces longues plaines; quelquefois des huttes, réunies comme un hameau de sauvages, et nous arrivons à Rome.

ROME.

Tout d'abord des ruines, un aqueduc, avant-goût de la grandeur antique romaine; et en même temps, — contraste saisissant, — des wagons, puis d'autres, des machines, et nous sommes à la gare Terminus.

En deux minutes, nous nous trouvons dans un vulgaire fiacre comme à Paris, et en route pour l'hôtel Alibert, voisin de la Villa Médicis, où nous devons retrouver des compatriotes, des amis.

Il est 4 heures.

Après quelques minutes de repos, nous montons immédiatement au Pincio, comme des anciens; le Pincio est une des sept collines de Rome où se trouve la Villa Médicis.

Nous ne tardons pas à rencontrer nos amis de l'Académie de France; d'ailleurs, là, nous sommes en terre française; on nous aide à trouver un logis où nous serons bien chez nous. Via Sistina, au sixième, avec terrasse dominant Rome; petites chambres ou cases légères, qu'importe, sous le beau ciel d'Italie!

A côté de ma chambre, qui, en réalité, est un petit atelier bien éclairé, d'autres cases où loge la maîtresse, — matrone flanquée de ses deux superbes filles romaines, — de l'autre côté un ménage de Florentins, dont la femme aux grands anneaux d'or aux oreilles a un beau caractère.

Nous étions donc entre Rome et Florence, l'un au parler ferme quelquefois rude, l'autre au parler chantant et tout à fait musical.

♥

Dimanche, au lieu de rester à Rome, on nous conduit à la Villa Madama, construite pour le pape Clément VII (un Médicis). Cette villa, située sur une colline, tombe en ruines, j'ai appris depuis qu'on l'avait restaurée. De cette colline, la vue s'étend très belle sur Rome et sa Campagne.

Dans la grande salle, des peintures de Jules

Romain, d'après les cartons de Raphaël, et quelques restes de sculptures. Cette villa fut même dessinée par Raphaël; le site s'y prêtait merveilleusement, dominant le Tibre : Rome à deux pas, Saint-Pierre et toute la Campagne jusqu'aux Apennins.

Nous nous en retournons ravis.

♥

Notre première visite à Rome, le lendemain, fut pour Saint-Pierre, l'attraction de la Rome papale, mais combien la Rome antique, même en ruines, est autrement curieuse ! — Ce que nous verrons plus tard.

Nous voici à cette immense basilique, aux proportions gigantesques. Sa coupole énorme est de Michel-Ange. Nous écoutons dans une des chapelles quelques chants liturgiques et sommes frappés d'entendre pour la première fois la voix des castrats. Beaucoup de curieux surtout des Anglaises !... Nous passons rapidement, quitte à revoir plus en détail ce gigantesque temple plutôt qu'église.

Nous retraversons cette place Saint-Pierre elliptique, et ses quatre rangs de colonnes en pourtour, du Bernin.

Le style en est très pompeux, brillant, plutôt païen que catholique.

Parcourons quelques rues et allons au Capitole, au Forum, au Colisée (Amphithéâtre Flavien).

Quel aspect imposant, terrible même que ces ruines, le Colisée presque intact, vivra tant que le monde sera monde ! De la force, de la puissance se dégage de ses murailles, de ses colonnes, de ses chapiteaux romains. Nous retournons chez nous par le Quirinal (le Palais royal) situé au Monte Cavallo.

♥

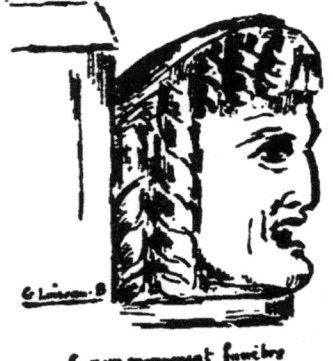
Sur un monument funèbre
Rome

Le lendemain, après ce premier aperçu, nous partons pour la Voie Appienne, assez éloignée de Rome et courant dans la campagne romaine. Ah ! cette Via Appia militaire, quel caractère ! Des tombeaux sur les côtés bordent cette voie, toute droite ; elle fut commencée 312 ans avant J.-C.

Nous revenons le soir après nous être arrêtés dans une *albergo*, installée dans un « columbarium » antique très vaste (monument funéraire), ce qui n'est pas banal. Nous traversons le magnifique Arc de Constantin. et, à 7 heures, retour.

Ce fut d'une belle impression mélancolique de suivre cette Voie Appienne au crépuscule. le long de ces tombeaux. pêle-mêle, en ruines, qui laissent revivre en eux la puissance romaine.

Plus on reste à Rome. plus on s'y familiarise, plus les découvertes que l'on fait deviennent suggestives et passionnément intéressantes : c'est toute l'histoire des Césars qui se déroule à nos yeux.

♥

Le 19 novembre, nous revoyons en détail Saint-Pierre et le Vatican. Les Stanzes et les Loges de Raphaël, dans leurs diverses compositions, toutes admirables de science, de coloris, de dessin, quoique poussées un peu au noir. Mais c'est bien là qu'il faut admirer ce peintre de génie. de même que Michel-Ange à la Chapelle Sixtine, dans son *Jugement dernier*, ses *Prophètes* et *Sibylles*.

Le pape Léon XIII passe dans une chaise à porteur, entouré de gendarmes pontificaux, gardes suisses, gardes nobles; on nous fait passer par les Loges de Raphaël.

Nous sortons à 3 heures de ce merveilleux Vatican par l'escalier royal et la porte de bronze où se tiennent les gardes suisses, vêtus de leur costume pittoresque, armés de hallebardes.

♥

Nous parcourons Rome et découvrons une maison dont les murs intérieurs ne sont que bas-reliefs romains, sujets divers, frises, etc.; puis nous allons voir les Romains du Transtévère. C'est un quartier à part; une foule de petites rues s'enchevêtrent les unes dans les autres; les hommes et les femmes ont en effet de beaux types de race romaine.

Nous entrons dans l'église Santa Maria, une des plus anciennes de Rome. Ses mosaïques sont du XIIe siècle, le campanile en briques est de style roman, l'intérieur très riche : vingt-quatre énormes colonnes de granit antique, surmontées de chapiteaux ioniques, différents les uns des autres; mosaïque de l'abside (*Vie de la Vierge*); quelques tombeaux de papes et dans le vestibule des inscriptions romaines.

Çà et là dans Rome.

Dans cette Rome si curieuse, où à chaque pas sont des souvenirs, je noterai mes impressions journalières, au hasard, revenant souvent à des monuments antiques, comme à de beaux morceaux d'art ou de littérature que l'on tourne et retourne pour en bien comprendre l'esprit, la forme, le caractère.

De Sainte-Marie du Transtévère, nous repassons le Tibre aux eaux boueuses et jaunâtres, et nous allons jusqu'à cette belle place, la Porte du Peuple, par la Via del Babuino ; cette place est ornée d'un obélisque égyptien de 36 mètres de hauteur (il y a beaucoup d'obélisques à Rome, une quinzaine, je crois).

Le Corso, la rue très mouvementée de Rome, débouche sur cette place et, au-dessus d'elle, se trouve la promenade du Pincio, notre quartier.

Nous rentrons Via Sistina.

Le lendemain, 20 novembre, accompagné du sculpteur C... et de l'architecte D..., élèves de la Villa Médicis, nous faisons la belle excursion de Tivoli.

La Campagne romaine de ce côté Ouest est curieuse; nous suivons la Via Tiburtina, qui menait à l'ancienne Tibur (Tivoli) et laissons à droite la Solfatara d'où s'échappent des gaz sulfureux qui donnent la mort aux plantes, aux oiseaux (Agrippa y construisit des thermes).

Tivoli est renommé pour ses beaux paysages dans les monts Pagliano et ses cascades; l'Anio se précipite en divers endroits de 100 mètres de hauteur sur des blocs de rochers, comme semés çà et là, avec un fracas terrible.

Nous visitons le temple de Vesta et un autre plus petit; l'impression est majestueuse.

Cavernes bizarres, grotte de Neptune, temple de la Sibylle. Nous déjeunons à côté.

Puis la grotte des Sirènes.

Oh! mânes de Properce et de Cinthie, de Tibulle et de Délie! Et toi, Horace! c'est ici que vous veniez rêver, aimer, déclamer!

Nous retournons le soir à Rome, enthousiasmés.

♥

23 novembre. Notre premier dimanche dans Rome; il fut assez monotone.

Nous allons à Saint-Pierre écouter quelques chants liturgiques.

L'après-midi, avec C..., au Forum, fermé; au Palatin, fermé; aux Thermes de Caracalla, fermés. « Élections », voilà le pourquoi.

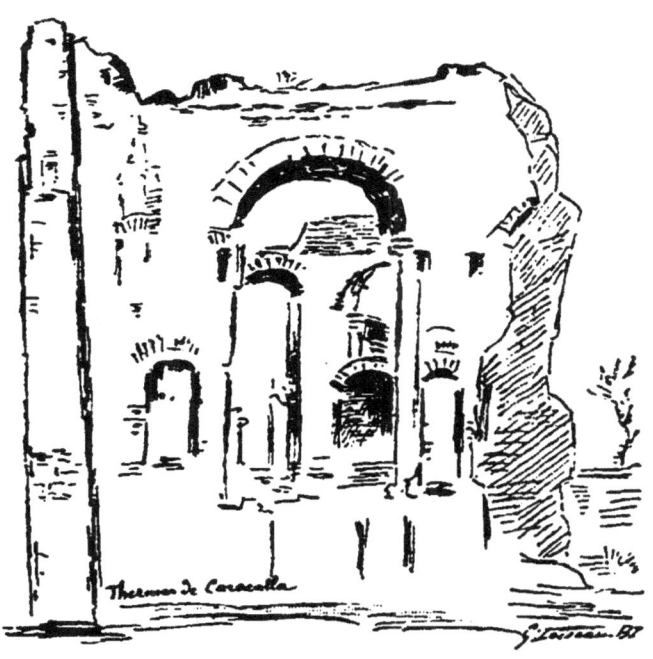

Nous suivons la Via Latina qui s'arrête aux anciens murs de Rome, enceinte d'Aurélien. Nous assistons au coucher du soleil; le temps est sombre, il commence à pleuvoir; un fiacre nous ramène, il fait tout à fait nuit.

Le soir, pour nous consoler, nous allons voir un ballet italien, *le Diable noir*.

♥

Les jours suivants :

Au Palatin, — le berceau de Rome. — Des ruines, encore des ruines, ornées de peintures murales assez bien conservées; des jardins, la vue s'étend très belle sur Rome. L'emplacement de la première Rome était bien situé.

Nous visitons le palais de Caligula, la maison de Tibère, une galerie de mosaïque où Caligula fut tué; morceaux de murailles auxquels on a donné le nom de palais Domitien, Flavien, etc., etc.

On voit près de là le mur de Romulus (?).

Redescendus à la Place du Peuple, où nous visitons dans une église une *Nativité* du Pinturicchio, et d'autres d'après Raphaël, des tombeaux remarquables de cardinaux, et la chapelle Chigi et ses mosaïques; elle est décorée, soi-disant, par Raphaël; quoi qu'il en soit, cette église mérite l'attention.

Puis nous allons au Vatican voir les Musées égyptien et antique : merveilleuses collections de tout ce qu'il y a de plus beau dans l'art antique, du Musée égyptien, un bel escalier de marbre blanc conduit à d'autres salles, dont l'une circulaire est surmontée d'une coupole ; au milieu, un quadrige de bronze.

Je renonce à décrire tous ces chefs-d'œuvre ; il y en a trop, et cet art antique demande une attention soutenue, afin de bien comprendre cette statuaire large, simple et puissamment décorative.

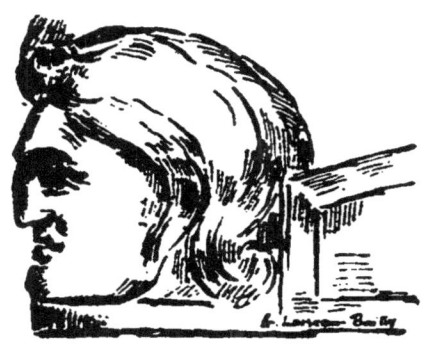

Néanmoins, je citerai des œuvres sculptées assez curieuses d'originalité, des poissons, poulets plumés, crevettes, etc. L'étude de la nature s'étendait donc loin chez les anciens.

Une statuette de *Faune assis sur une antilope*, un autre faune portant une femme dans un beau mouvement, et cet *Enfant à l'oie*, marbre que nous connaissons tous.

Dans de longues salles, une suite d'animaux antiques les plus divers. Cette collection est fort remarquable.

Dans la quatrième salle, l'*Ariane couchée*, marbre; l'*Apollon du Belrédère*, trouvé à la fin du XVᵉ siècle à Porto d'Anzio, et le *Laocoon*, trouvé dans le palais de Titus en 1506, l'*Antinoüs*.

Ces quatre salles octogonales, bien éclairées, renferment ces quatre chefs-d'œuvre de l'art grec, admirablement exposés.

Puis une longue galerie, du balcon de laquelle on jouit d'une très belle vue sur Rome. En ce moment, un effet de soleil sur des parties obscures glisse sur la ville; les monts, dans le fond, se confondent avec le ciel sombre.

Nous quittons ce beau Musée du Vatican en saluant en passant le magnifique torse du *Belrédère*, d'Apollonius.

❥

Ensuite visite à la Villa Médicis et au Monte Pincio; comme je l'ai déjà dit, situation admirable : de la terrasse, devant la Villa, la vue s'étend large et grande sur Rome.

La Villa Médicis (l'Académie des Beaux-Arts de France) a été construite par Léon XI (un Médicis).

Dans l'intérieur, salles d'études des « Prix de Rome », ateliers dans les jardins, qui sont fort beaux quoiqu'un peu monotones. A signaler le Bosco, un petit bois où l'on pince gratuitement de belles fièvres, si l'on ne prend

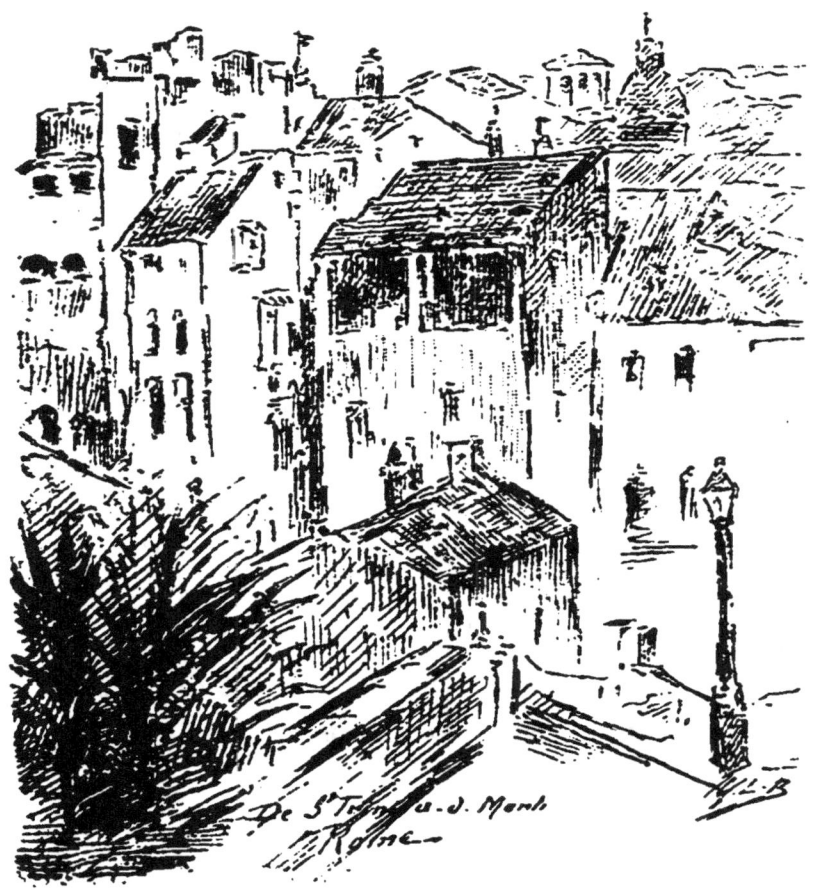

pas de précautions. On voit la chambre où est née Catherine de Médicis ?? ; quelques peintures décoratives subsistent encore. La bibliothèque, etc.

Cette Villa appartient à la France, c'est une enclave française en Italie : nous sommes donc ici bien chez nous.

♥

En quittant la Villa Médicis, nous excursionnons dans un labyrinthe de petites rues. Nous revoyons l'île San Bartolomeo, enserrée par le Tibre.

Sur le mont Janicule, de l'autre côté, à l'Ouest du Tibre, nous trouvons des poteries anciennes, une grande croix est plantée au haut, de là, la vue est magnifique sur la Campagne romaine et les monts Sabins; au premier plan, des aqueducs; la Villa Pamphili n'est pas très éloignée.

Retour le long du Tibre. Nous nous arrêtons quelques instants au joli petit temple de Vesta, orné d'une très belle colonnade corinthienne circulaire.

♥

Le 29 novembre, nous revoyons le Musée du Capitole.

Dans les salles du bas, l'archéologie; sarcophages grecs et romains, l'autel de Claudius et Claudia; une belle collection de mosaïques romaines.

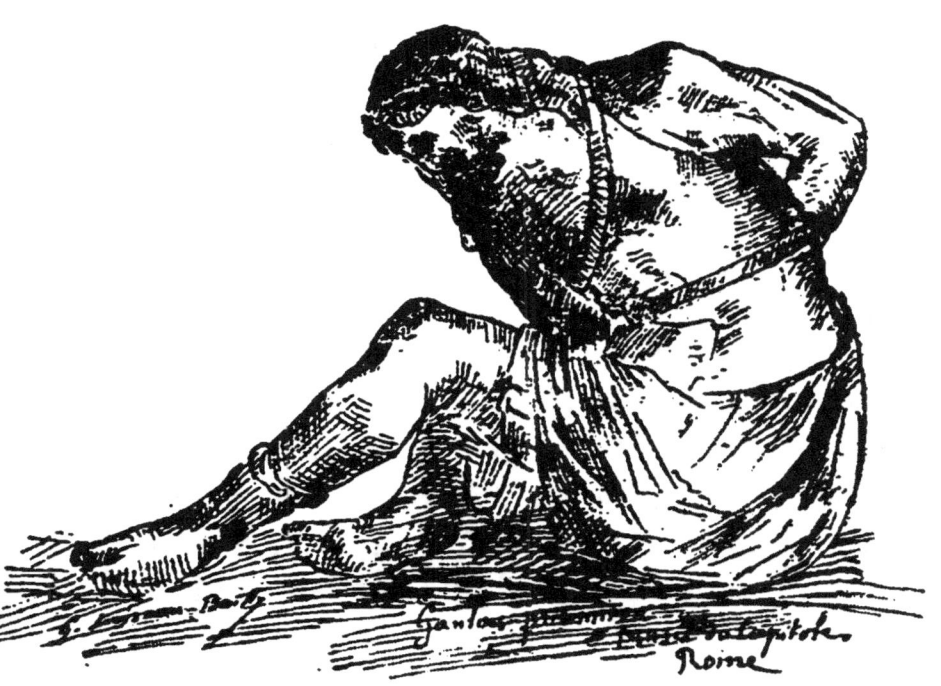

Dans la salle du haut, les statues. La plupart de ces marbres antiques, indépendamment de leur admirable forme, ont des patines d'une belle couleur ambrée, très chaude de ton.

♥

Le 1ᵉʳ décembre, visite aux Thermes de Caracalla, aux masses imposantes, aux ouvertures béantes, bref, ruines majestueuses.

Le Forum s'étend du Capitole au Colisée, il est décoré de monuments superbes. Là, se trouve toute l'histoire de Rome, depuis sa fondation.

Je ne puis citer tous ces magnifiques restes antiques, les temples de Vespasien, de la Concorde, près du bel arc de Septime Sévère, celui de Saturne, la superbe colonne Phocas corinthienne, la place du temple de Castor et Pollux, la grande basilique de Constantin qui avait 98 mètres de long, le bel arc de Titus d'où partait la Voie Sacrée, etc., etc.

Que d'études ! Que d'heures à passer au pied de tous ces monuments marquant l'histoire de Rome !

Puis nous allons à Saint-Paul-hors-les-Murs, sautant de l'antique païen à la puissance somptueuse du catholicisme.

Cette basilique est tout ce qu'on peut imagi-

LES THERMES DE CARACALLA.

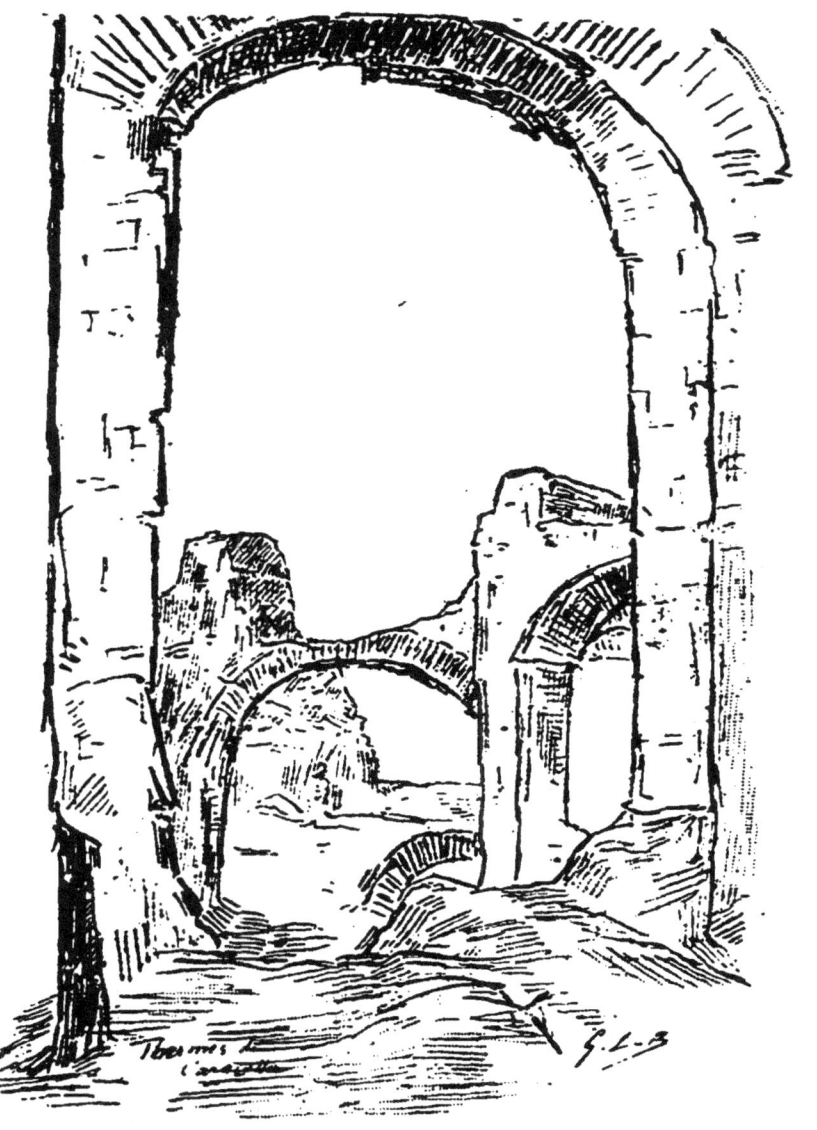

ner de plus riche, de plus brillant; les portes de bronze, byzantines, ont été apportées de Constantinople. Quatre-vingts colonnes supportent le plafond à caissons; cinq nefs. Sous un baldaquin sont les corps ou en partie de saint Paul et de saint Pierre.

Le cloître et ses colonnes torses de marbre, tout, du reste, est marbre et mosaïques dans cette immense basilique.

♥

Le Dimanche 14 décembre, nous visitons Saint-Laurent-hors les-Murs, basilique également d'un captivant intérêt, une des plus anciennes de Rome, bâtie par Constantin. Mosaïques magnifiques. Là, c'est le ionique qui domine. Certaines fresques et le Campo Santo sont remarquables.

Dans cette basilique se trouvent la Confession ou tombeau de saint Laurent et le tombeau de Pie IX.

♥

Pour varier et nous reposer, nous allons pérégriner, en compagnie de quelques élèves de la Villa Médicis, aux lacs d'Albano et de Némi par Genzano. Paysage des plus pittoresques.

Le lac d'Albano est à l'endroit d'un cratère éteint et a 7 kilomètres de circonférence.

A une heure de là, on trouve l'emplacement d'Alba la Longa, la rivale de Rome, et le charmant petit lac de Némi, près Genzano (4 kilomètres de tour), le Miroir de Diane. De jolies collines verdoyantes le contournent, et cette promenade est délicieuse.

Ce pays est volcanique aussi; à Rocca di Papa, à Cavi, les sites sont merveilleux.

Nous couchons à Albano, puis retour le lendemain à Rome.

♥

Le 15, nous allons à la Farnesine admirer Raphaël dans ses admirables compositions de l'*Amour et Psyché*, de *Galatée*.

Peruzzi construisit ce palais Renaissance pour le richissime banquier Chigi. Quel charme, quel beau dessin dans tous ces admirables sujets ! L'Amour, les Grâces, Psyché, Vénus, tout l'Olympe y passe, et dans le salon se trouve le triomphe de Galatée.

D'autres peintres ont pris part à la décoration de ce palais : Sebastiano del Piombo, Jules Romain, le Sodoma, etc.

« La courtisane Impéria pouvait y venir; les

hôtes, des parasites comme Tamisius, des artistes licencieux comme J. Romain, l'Arétin, des seigneurs et des prélats nourris dans les dangers et dans la franche sensualité du siècle, devaient contempler avec sympathie cette peinture gaie, grande et forte. » — (Taine.)

♥

Et ces belles promenades, au Forum Trajan, à la Colonne Antonine, etc. Plusieurs fois nous sommes allés à la Villa Madama, d'où la vue sur Rome est si grande, si belle, en passant par le Ponte Molle, célèbre par la bataille et la victoire de Constantin sur Maxence et les Allobroges arrêtés par Cicéron.

♥

Le Panthéon, ce monument romain, construit par Agrippa, restauré par Adrien, est de très sévère forme corinthienne. Dans la coupole et au-dessus un trou est ménagé et éclaire seul l'intérieur. Quelques tombeaux, ceux de Raphaël, de Carrache et de Victor-Emmanuel.

Les Capuccini et leurs catacombes sont ornés d'ossements très luxueusement et très artistiquement arrangés, cet art décoratif est quelque peu macabre. En Sicile, nous verrons cela également, encore plus effrayant, plus extraordinaire.

Nous retournons plusieurs fois au Palatin, au temple de Vesta, près de la Bocca della Verita, à cette pyramide de Cestius, près de la porte Saint-Paul, datant du temps d'Auguste et enclavée dans les murs de Rome, ainsi qu'à ces belles promenades sur les hauteurs du mont Vatican et du Janicule, près de la Villa Pamphili, à Saint-Pierre-aux-Liens, où se trouve le Moïse, de Michel-Ange.

♥

Le 16 décembre, nous allons avec un peintre français, peintre officiel, très connu aujourd'hui, à la recherche d'un paysage derrière Saint-Pierre, à la Zucca, agglomération de maisonnettes, de blanchisseries, menuiseries, que sais-je? coin très curieux.

Retour par le cimetière des Allemands, à gauche de Saint-Pierre et du palais de l'Inquisition.

Nous revoyons le Musée du Capitole et ses antiques; la série des balances romaines, la collection Campana, monnaies d'or anciennes, le *Marsyas*, marbre teinté de grandes plaques roses et violettes, très intéressant et de forme et de couleur. Nous remarquons un antique d'un grand réalisme : une *Vieille femme*, tenant un bâton d'une main, et de l'autre un mouton; un marbre, un *Pêcheur*; puis la série des bustes d'empereurs romains, en bronze, tous très beaux; la *Louve*, allaitant Rémus et Romulus, et combien d'autres !...

♥

Le 18 décembre, nous allons à Frascati; là, comme à Tivoli, d'admirables paysages se déroulent, et tous ceux-ci historiques.

Nos derniers jours à Rome et autour de Rome.

18 décembre. Nous déjeûnons à Rome avec l'ami C..., statuaire, et les deux frères D..., l'un architecte à la Villa Médicis, l'autre officier en mission en Italie. A midi, nous prenons le train pour Frascati, situé au pied des monts Albains.

La journée promet d'être très belle. Arrivés à Frascati, nous louons des ânes ; l'ami C...., le sculpteur, aime mieux marcher à pied ; comme distraction, il se contente de taquiner nos montures, et, piano, nous allons visiter les ruines de Tusculum, ancienne ville romaine détruite, patrie de Caton.

Le paysage est très grand d'aspect ; par ce temps très clair, nous admirons au loin un effet de soleil fort curieux sur la mer, du côté d'Ostie.

Nous visitons le théâtre antique, le cirque et l'emplacement de la villa de Cicéron. Le paysage est vraiment caractéristique. Nous faisons quelques aquarelles et retournons à Frascati par des chemins impossibles. Nos pauvres bêtes ne paraissaient pas plus enchantées que cela.

A 5 heures, nous sommes à Frascati : villas du XVI⁰ siècle, villas Aldobrandini et Mandragone, etc.; jardins magnifiques.

Nous cherchons l'écurie de nos ânes, un homme du pays nous explique qu'il faut laisser aller les ânes : « Où ils iront, là est le patron. » Proverbe très juste ; tranquillement ces bonnes bêtes rentrèrent chez elles.

Nous faisons retour nous-mêmes à 7 heures à Rome.

Dîner et promenade à la poste pour notre courrier; bonne préoccupation en voyage, seul lien entre la France et nous : Famille, amis, tout est bon, cela vient de France.

♥

19 décembre. Le matin, visite aux Thermes de Dioclétien et à l'église Degli Angeli, au milieu des Thermes; triomphe de l'église catholique romaine sur l'art du paganisme, grand et puissant même par ses ruines.

Michel-Ange fut l'architecte de cette église. Nous avons remarqué seize superbes colonnes de granit, une statue en marbre de saint Bruno par notre grand sculpteur français Houdon, d'une belle allure et d'un beau sentiment, le tombeau de Salvator Rosa. Dans le chœur, le pavage représente les signes du zodiaque, les constellations et une méridienne; quelques fresques du Dominiquin. Derrière, le beau cloître des Chartreux.

Un musée antique très intéressant est installé dans les Thermes.

Le soir, à la Villa Borghèse : magnifique villa où le Tout-Rome s'y donne rendez-vous. Cette villa appartenait jadis aux princes Borghèse qui en firent une des plus riches, des plus magnifiques des environs de Rome. Un des Borghèse épousa Pauline Bonaparte, sœur de Napoléon Ier.

La plupart des statues antiques, au Louvre, proviennent de cette richissime collection.

Nous visitons le musée où nous remarquons de beaux morceaux antiques, des bronzes et des bustes : un *Faune cymbalier dansant* (très beau), un *Hercule accoudé*, d'une grande souplesse, le buste de *Sénèque*, *Gladiateurs au cirque*. Dans le grand salon, des mosaïques. Puis la célèbre statue de Canova, Pauline Borghèse en Vénus couchée. Des statues très tortillées du Bernin, mais décoratives; empereurs romains en porphyre et albâtre oriental, et tant d'autres choses !

Vu dans les jardins le roi d'Italie, à cette époque Umberto. Rentrés par le Corso.

ORVIETO

Le 20 décembre, nous profitons du dimanche pour aller à Orvieto, étudier les belles fresques de Signorelli. Orvieto mérite un pélerinage d'art.

Située au nord de Rome, près du lac Bolsena, dans la vallée du Tibre, cette ville morte offre un intérêt particulier.

A 9 heures 1/4 du matin, nous prenons le train et à une heure nous sommes au pied de la ville. Le temps est gris et froid, et c'est grand dommage, mais c'est l'hiver. Nous prenons le funiculaire qui nous monte dans la ville (350 mètres d'altitude).

La cathédrale est une des plus belles d'Italie. Sa façade est gothique fin XIII, décorée de bas-reliefs bibliques; les mosaïques sont restaurées; les belles proportions de ce monument laissent une grande impression.

Trois nefs. Dans la nouvelle chapelle, des fresques de l'Angelico, toujours calmes, très

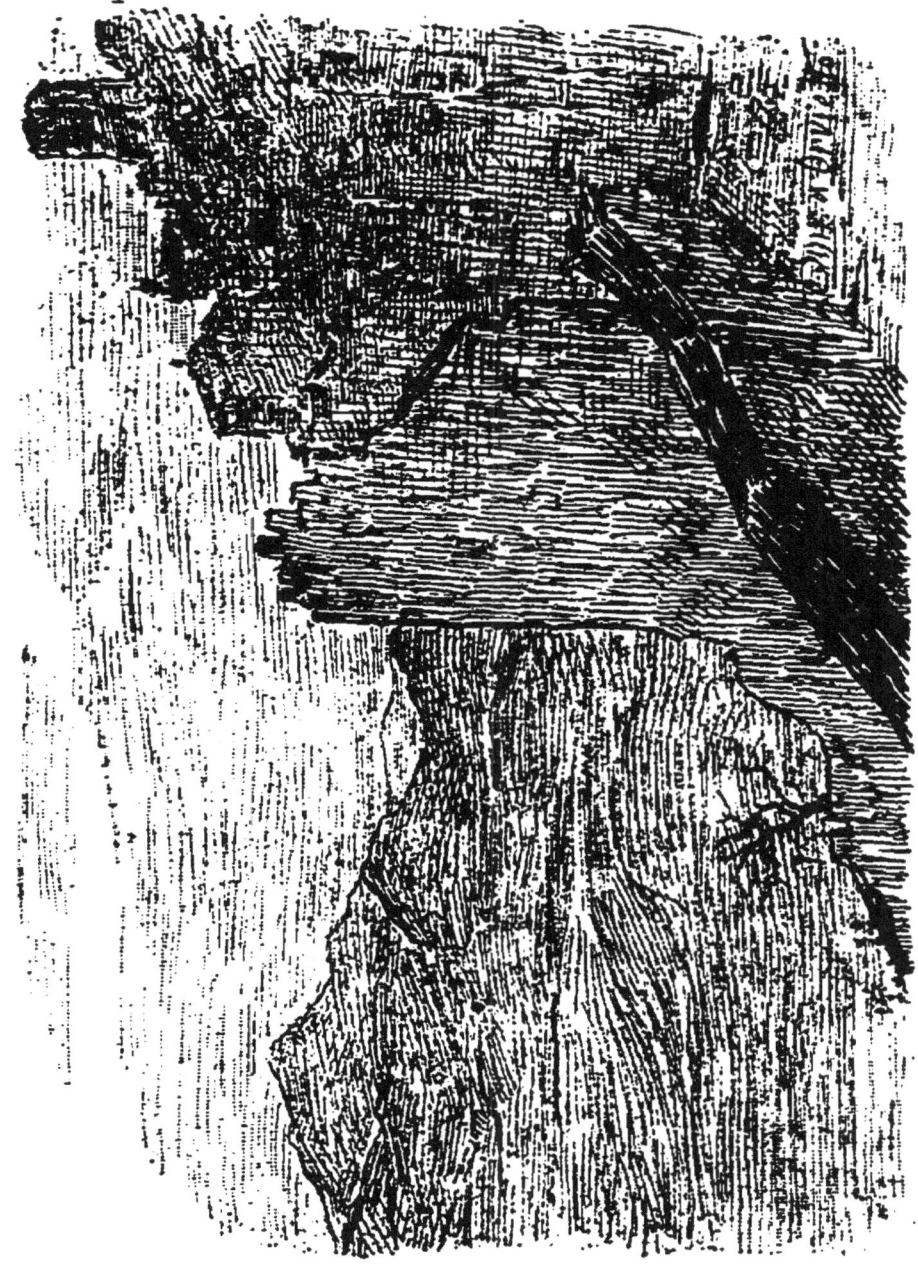

religieuses; les autres de Signorelli, le contraire, hardies, beaucoup de nus. Dans *la Fin du Monde, Résurrection, l'Enfer, le Paradis* et *l'Antéchrist,* on sent le précurseur de Michel-Ange, et l'on songe à son *Jugement dernier,* de la Chapelle Sixtine.

Dans une autre chapelle, celle du Corporal, les fresques de la voûte sont intéressantes.

Promenades dans les rues d'Orvieto. Nous passons près du Château des Papes, du XIIIe siècle, grand hôtel princier, aujourd'hui abandonné, triste.

Les fortes murailles de la cité sont particulièrement curieuses, on y jouit d'une belle vue sur la vallée du Tibre et du Paglia, son affluent, elles sont très élevées et ont grand caractère.

De vieilles petites églises aux portes romanes. L'on monte, l'on descend de nombreux escaliers très pittoresques.

Voulant traverser un ravin, je tombai, j'en fus quitte pour un bras endolori.

Retour à Rome dans la nuit; je souffrais un peu de cet accident.

Malgré cela, nous allons à Saint-Pierre le lendemain. Comme cette basilique est attirante !

Nous visitons la galerie qui réunit le Vatican au palais Saint-Ange, forteresse des papes, ancien Mausolée d'Adrien transformé en château.

En face du château Saint-Ange, le pont Saint-Ange, reliant la rive droite du Tibre, où se trouvent Saint-Pierre, le Vatican, etc., à la rive gauche, où se trouve le Quirinal, palais du roi d'Italie.

Ce pont est orné de figures tourmentées du Bernin, style Louis XIV.

♥

Les jours suivants, visite à la Villa Hadriana, très vaste, 18 kilomètres de tour, située au pied des montagnes de Tivoli. Après de grands voyages, l'empereur Adrien fit construire, sur le modèle des monuments qui avaient frappé ses yeux, son imagination ; son palais était au milieu. Il resta là sept ans, jouissant de la grande nature et des beaux-arts. Il était environné d'artistes, de philosophes, de savants ; il jetait l'or à pleines mains pour faire grand, pour faire beau ; cinquante mille esclaves travaillèrent à ces colossales reconstitutions.

Et, actuellement, c'est avec une grande et profonde mélancolie que l'on parcourt ces vastes ruines : le Théâtre grec, les Thermes, le Lycée, le Temple de Canope, le Portique circulaire, etc., etc. Nous nous promenons dans les jardins et jetons un coup d'œil sur la vallée de Tempé, et sur la belle échappée de montagnes de Tivoli, Frascati, Rocca di Papa, et cette immense plaine de Rome.

Retour le soir à Rome.

♥

Revu le Panthéon, construit par Agrippa.

Visites à la Minerva, à Saint-Louis-des-Français. A la Minerva, des tableaux d'autels très beaux et surtout le *Christ*, de Michel-Ange ; des sculptures très fines de Mino da Fiesole.

Le soir du 24 décembre, avec quelques amis de la Villa Médicis, nous sommes allés à Saint-Louis-des-Français entendre la Messe de minuit : belle cérémonie, harpes, hautbois et chants par les castrats.

A une heure nous étions réunis à la Villa Médicis, et fêtions en famille le réveillon ; tous les pensionnaires avaient organisé un magnifique et joyeux réveillon, et nous passâmes là quelques heures charmantes et inoubliables : champagne, toasts, tirage d'une tombola où des grotesques en carton étaient accrochés à un sapin, que sais-je ?

♥

Noël, la Noël à Rome ! Matinée toute joyeuse, ensoleillée, et repos avec nos amis.

Cependant, le soir, nous allons à l'église d'Ara Cœli, près le Capitole ; on monte un grand escalier de marbre ; cette église est très brillante et riche.

Il est 4 heures 1/2, il fait sombre, nous distinguons quelques colonnes antiques, des tableaux de maîtres découverts ; le plafond à caissons dorés, mais surtout une chose assez curieuse, une crèche, où une foule se presse pour voir « il Bambinello ».

La légende raconte que ce petit Jésus fut taillé dans un morceau de bois provenant du mont des Oliviers et peint par saint Luc. Bref, il est en grande vénération, emmailloté richement ; les enfants de Rome viennent lui adresser une foule de compliments, de discours. Ces enfants montent à tour de rôle sur une tribune et sont transformés en petits orateurs, ma foi. très éloquents, les parents sont là, et c'est à celui qui fera le plus beau discours; des gestes, de l'exaltation, rien n'y manque. C'est vraiment curieux.

Revenus par le Jesu, église somptueuse des Jésuites; les cérémonies y ont un attrait incomparable et sont très courues : les ors, les marbres, l'amoncellement de luxe, de richesse inouïe, la grande mise en scène du culte, tout séduit et empoigne le public.

Ce soir-là de Noël, il y avait foule compacte, jusque sur la place.

De là, au Corso. Beaucoup d'équipages.

Rome est en fête; le roi passe, saluant à droite et à gauche, tout en conduisant son équipage.

Tous ces palais, le long de cette large rue du Corso, palais Doria, Ruspoli, etc., etc., étaient de magnifiques résidences au temps de la Renaissance.

Depuis la place Trajane et sa colonne dans le Forum Trajan, jusqu'à la place Colonna où se trouvent la colonne Antonine et le palais Chigi, et continuant jusqu'à la Porte du Peuple, c'est le va-et-vient de nos grands boulevards parisiens.

Revu cette immense basilique de Saint-Jean-de-Latran, fondée par Constantin. Cinq nefs à l'intérieur, sur la place, le Baptistère de Constantin et la Scala Santa qu'on ne monte qu'à genoux : vingt-huit marches provenant du palais de Pilate, à Jérusalem (??).

Je regardais longuement monter à genoux une théorie de fervents dévots embrassant chaque marche à travers une large rainure car cet escalier est revêtu d'une carapace de bois, sans doute pour ne pas le dégrader.

♥

Que de captivantes études nous consacrâmes à ces gigantesques monuments antiques, à ce Forum, aux ruines de ces temples, à ces portiques, ces rostres, à cette magnifique colonne de Phocas, à la basilique Julia (4,500 mètres carrés de surface), au temple corinthien de Castor et Pollux dont l'entablement est si beau, au temple de Vesta où le souvenir se reporte à ces Vestales gardiennes du feu sacré, à la basilique de Constantin dont les arceaux ont 97 mètres de diamètre, à cet arc de Titus et à celui de Constantin intact près de cet immense Colisée !

Le Colisée, une des merveilles de Rome et du monde par sa majesté, sa grandeur puissante ! 100,000 spectateurs y tenaient à l'aise.

Si l'on se place au point de vue historique et tragique, quelle quantité effroyable de malheureux captifs y furent dévorés par les fauves.

❤

Ai-je parlé des quatre stanzes de Raphaël, au Vatican, décorées de ses immenses compositions : *L'Incendie du Bourg, l'École d'Athènes, la Dispute du Saint-Sacrement, Moïse, Héliodore, Saint Léon arrêtant Attila, le Miracle de Bolsena, la Délivrance de saint Pierre* (si curieux !) et de ses loges aux 52 peintures ?

Quel génie ! Et mort tout jeune, à trente-sept ans !

Il réunit à un haut degré toutes les grandes qualités d'art, science du dessin, charme du coloris, de la composition, des expressions. Sa mort, à l'anniversaire de sa naissance (6 avril 1520), un Vendredi-Saint, fut un grand deuil à Rome. Son corps fut exposé dans son atelier, devant son grand tableau, *la Transfiguration.*

Il fut inhumé au Panthéon.

❤

Le 26 décembre, il nous fallut nous arracher à toutes ces beautés d'art incomparables, à ce centre que l'on ne pourra jamais mieux dénommer « Ville Éternelle », à nos bons amis si accueillants, et, à 8 heures du matin, nous disions un long adieu à Rome et partions pour Naples.

Autre pays, autres mœurs, autres souvenirs !

De ROME à NAPLES

Je dis au revoir à Rome et non adieu, au revoir à mes bons amis de la Villa Médicis et autres compagnons de voyage, et en route pour Naples, la Sicile, Carthage.

Un vendredi, 26 décembre, une vieille haridelle, trouvée sur la place d'Espagne, me conduit au chemin de fer, clopin-clopant.

Un dernier regard à la Via del Tritone, à celle des Quatre Fontane, aux jardins du Quirinal et à la Via Nazionale, un dernier salut aux Thermes de Dioclétien, près de la gare, et départ à 8 heures 5 du matin.

Le train, passé la Porta Maggiore, suit la longue campagne de Rome, longeant à gauche la Via Tusculana, à droite la Via Appia; des aqueducs (Acqua Felice); puis un détour pour arriver à Albano au pied des monts Albins. Beau lac d'Albano et de Nemi, nous te fuyons !

Après Cecchina où se trouve l'embranchement pour Nettuno, un effet de lumière admirable dans cette Campagne romaine, longue, longue. Un ciel sombre et pluvieux la couvre comme d'un grand linceul.

A droite, toujours la grande plaine, jusqu'à la mer; au loin, dans une tonalité bleue, apparaissent des montagnes aux sommets neigeux; une entre autres, le mont Giove, a beaucoup de caractère, sorte de lion couché, immense, aux contours fermes, étendu là, seul, dans l'immense campagne.

Le ciel devient lumineux, rouge, jaune et or, faisant place au ciel gris et sombre, et éclaire vivement ce fond de paysage romain. C'est grand et beau.

Il semble qu'on laisse la Ville Éternelle, la ville des tombeaux et des ruines imposantes et majestueuses pour entrer dans une nouvelle contrée riante et gaie...

♥

9 heures 5. Velletri, jadis pays des Volsques. Des charettes, des mules ; les muletiers chantent, les cloches sonnent ; cette ville pittoresque est située sur le flanc du mont Artimisio ; tout cela est d'une jolie couleur locale.

Passé Velletri, on traverse un paysage sauvage entre rochers et montagnes aux sommets couverts de neige. Des ravins. Segni. La vallée du Sacco s'élargit, offrant un vaste panorama ; des villages sont accrochés contre la montagne comme des nids de vautour ; dans le lointain, d'autres monts bleuâtres très fins. La plaine est rousse, quelque peu verdoyante.

Dans les champs, des paysans bêchent leurs terres. Voici le commencement des Abruzzes, hautes montagnes dénudées et comme grillées ; la vallée large paraît pauvre.

Nous sommes près de San Germano ou Cassino. De la vigne ; de loin en loin, quelques anciennes tours crénelées ; un village planté sur un mamelon, nu, mort ; des bois en face. Passent des troupes de dindons, de moutons et de porcs. Les Abruzzes deviennent plus âpres, plus grises ; des paysans aux costumes pittoresques labourent, près d'eux, de pauvres cabanes dont la fumée s'échappe à travers les tuiles rousses.

♥

San Germano, au pied du Mont Cassin.
Vue sur un beau château-fort à la crête d'un mont gris et sauvage. Il est 11 heures 1/2; du soleil ! C'est bon ! Le mont Cassin, à gauche, au-dessus de San Germano. Je regrette beaucoup de ne pas m'arrêter et visiter ce fameux couvent de bénédictins, l'un des plus illustres du monde, fondé par saint Benoît, en 529. La bibliothèque, par ses manuscrits, est une merveille. De la voie ferrée, ce monastère présente une vaste construction rectangulaire au faîte de cette montagne grise (le mont Cassin), un dôme surpasse les toits.

San Germano, petite ville très calme, les maisons présentent un aspect rougeâtre et jaune; la station, ornée de saules et d'eucalyptus, se trouve dans un beau site, cirque de montagnes élevées. Une vieille église, plantée sur un tertre; plus loin, à droite, un ancien château-fort; ça et là, sur le versant des montagnes, de petites maisonnettes blanches.

♥

Nous suivons les Apennins dénudés, gris, sauvages; pas un arbre, rien ! Par endroit, des aspects bizarres : rocs jetés les uns contre les autres, aigus, en cônes; la plaine fait un circuit, puis se resserre.

Quel pays pauvre, désolé ! Pays des modèles qui vont à Rome et à Paris.

Les montagnes se resserrent de plus en plus et le désert continue encore plus âpre, plus désolé; quelques brins de verdure entre les rocs, quelques arbres roux, tout cela est sévère, triste, étrange.

Ce défilé cependant est beau; un torrent bondit de rocs en rocs à travers un bois roux.

Après une tranchée, la plaine s'élargit et l'étranglement recommence.

♥

Ruines d'un vieux château-fort; Mignano, à midi 1/2; puis Capoue, — nous sommes à 216 kilomètres de Rome, — où sont ses « délices » ?

Enfin, c'est bien Capua Nuova; plus loin se trouvait l'ancienne Capoue qui rappelle le souvenir des Samnites, de ces brigands pillant et ravageant la ville et les environs, et du révolté Spartacus, et de tant d'autres faits ou légendes de l'histoire.

Un reste d'amphithéâtre très grand atteste encore la beauté de ce lieu privilégié.

Caserte. Les plaines se succèdent très riches, bien cultivées.

Vue du Château Royal et Naples ! Napoli ! Voir Naples et mourir !

Allons voir Naples sans la fin ci-dessus citée.

NAPLES

Je laisse le remue-ménage de la gare. Un fiacre me conduit bientôt dans le quartier de Santa Lucia, 28. Chambre retenue d'avance. Quel grouillement de populace, grand Dieu! dans la boue, la crotte. Ma chambre est admirablement située, en face du golfe de Naples; dans le fond, le Vésuve. Le tableau est grandiose.

Le soir, promenade en ville. Mon quartier, Santa Lucia, est particulièrement animé, bien napolitain, exubérant. Une vie enragée au dehors; tout dans la rue, celles-ci tortueuses, bref, le vieux Naples et ses types de lazzaroni.

Quelques courses, à la poste, au musée.

Le Vésuve m'attire, Portici également, sans doute à cause de sa « Muette ».

Je prends le tramway. Une heure après, je suis à Portici, au pied du Vésuve; je contemple longtemps ce fameux cratère, fumant sa pipe, comme disent les Napolitains, lorsqu'il est calme; je m'approche de la mer, passant sous la voie ferrée; des blocs de lave sont les uns sur les autres, afin d'arrêter le flot envahisseur; la culture maraîchere, là, est luxuriante. La vue sur Naples en amphithéâtre est splendide.

♥

Dimanche. Il pleut à verse : Déception. Je visite quelques églises en général de peu d'intérêt. Je longe la Corniche jusqu'au cap Pausilippe. Ah ! la superbe vue sur le golfe et le Vésuve, les monts couverts de neige. Capri, à droite.

Des villas coquettes au milieu d'orangers, de pins parasols, palmiers, plantes exotiques, etc. Un observatoire bâti en lave, de style égyptien, là, le paysage change brusquement; des vignes, et encore des vignes; au détour de la route, autre coup d'œil : Le golfe de Pouzzoles, l'île Nisida, le cap Misène et Procida. C'est admirable !

La route descend au pied de rochers élevés pour gagner Bagnoli et Pouzzoles.

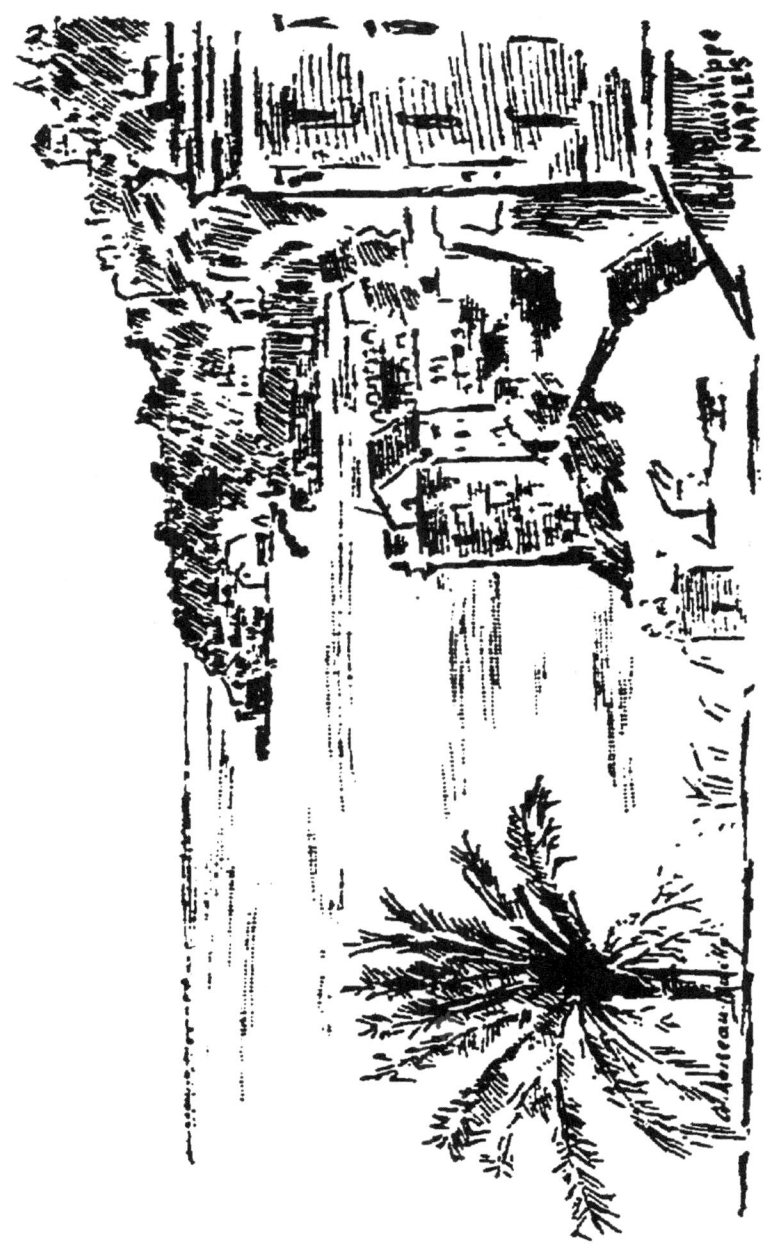

Hélas! la pluie recommence et gâte ce merveilleux panorama.

Retour à Naples, par le tramway. 5 heures, il fait nuit, les éclairs se succèdent, le temps est très noir; cela ne dure pas dans ces pays.

♥

29 décembre. Il fait beau. Visite au Musée national.

Collection de superbes marbres antiques et de bronzes. Salles où se trouvent les peintures (fresques) trouvées à Pompéï, Herculanum, d'un goût distingué. délicat, exquis.

Visite de l'église Santa Chiara, curieuse. Chaire en marbre avec bas-reliefs du XIIIe; tombes royales.

Le soir, effet de lune sur le golfe; de gros nuages noirs passent.

♥

Mardi. Excursion au Pausilippe. Souvenirs de Virgile, on montre son tombeau. C'est ici que furent écrites ses *Géorgiques*, ses *Églogues*.

Pouzzoles. J'aime cette ville. ses souvenirs, son solfatare sulfureux, son temple de Sérapis et son amphithéâtre près du temple de Diane.

Beaucoup de ruines romaines, restes des villas des riches romains d'autrefois.

♥

J'admire un coucher de soleil derrière Ischia.

Le soleil se couchait derrière l'île d'Ischia; le ciel était pourpre; Capri s'endormait dans une jolie teinte violette; l'île de Nisida s'empourprait et la vague blanche battait le roc. Le ciel, d'un beau bleu délicat, allait se dégradant et se terminait rouge vif. L'île de Procida et le cap Misène disparaissaient peu à peu; puis le soleil disparut, et tout, avec lui, dans un brouillard rouge.

La lune se lève, à gauche du Vésuve, éclaire d'une lumière d'argent le golfe de Naples. Du Vésuve sort en tourbillons une fumée blanche et rouge; le feu, par intermittence, s'élance hors du cratère et, tel un grand incendie, rougit la montagne; la lune monte et illumine la mer; de grandes bandes noires sillonnent ce miroir magique. Au loin, le phare dont la lumière rouge paraît et disparaît...

Et les Napolitains conduisaient leurs mules, en chantant de longues complaintes.

Je revins à Naples émerveillé de ce spectacle unique.

Çà et là dans Naples et autour de Naples.

Seconde visite au Musée national. La statue de l'*Hercule Farnèse* et le groupe du *Taureau Farnèse* sont beaux, quoique déjà de la décadence grecque.

Toute une suite de peintures murales trouvées à Pompéï, autant de petits chefs-d'œuvre, d'une grande fraîcheur, la perspective y est; intérieurs de palais, ornements, fleurs, oiseaux, chimères, tout cela exécuté dans un goût très délicat et surtout très sobre; fines peintures où l'œil se reposait doucement sur de très beaux corps nus ou à demi, d'un dessin large et impeccable.

Voilà ce qui ressort des peintures charmantes de Pompéï.

♥

1er janvier. Le nouvel an à Naples. Quoique entouré de merveilles, loin des siens, c'est un peu pénible... Enfin !

Un rien, un souvenir d'amitié venant de Rome me fut sensible.

L'après-midi, je la passais à Portici: décidément cette campagne vésuvienne m'attire; il fait très beau, douce consolation! Je marche jusqu'à Resina et vais visiter Herculanum, enseveli par des coulées de lave. L'on descend à la lueur des torches dans un trou noir, le gardien nous fait visiter les restes du théâtre antique très vaste, les gradins, la scène bien conservée.

Près de là, une partie de la ville; quelques mosaïques; une maison avec sa cour et son portique: croix grecque, des urnes, des poteries; bref, tout cela encore enfoui dans une tombe noire. Les statues, les bustes sont au musée de Naples.

Nous remontons au jour, et avec plaisir.

Je pousse une pointe de Resina au pied du Vésuve par un chemin creusé dans la lave, tout droit du côté du cratère. Des vignes poussent vigoureuses.

Un paysan, ressemblant assez à un brigand, m'aborde et, dans son patois napolitain, accompagné de gestes significatifs et exubérants, me fait comprendre qu'il a soif, en effet, il faisait assez chaud. Je le fis passer devant moi, prudemment.

A travers vignes, nous arrivons à une maisonnette blanche, très isolée; d'autres camarades à lui étaient là; deux superbes filles brunes, aux yeux de feu, faisaient des colliers de perles ; la matrone allait, venait ; le soleil baissait ; la vue sur Naples était magnifique.

Pour la première fois, je goûtai dans cet endroit singulier, entouré de figures peu avenantes, du vin du cru, du « Lacryma Christi ». Avec une amabilité tout à fait charmante, je compris qu'ils trinquaient à ma santé, à la nouvelle année, à mon pays, j'en fis de même, et cinq ou six de mes brigands fin de siècle me reconduisirent jusqu'à Resina, où je pris le tramway. Retour à Naples à 6 heures.

Mon Premier Janvier fut donc assez curieux d'imprévu. Le soir, les rues de Naples étaient très animées.

❤

Troisième visite au Musée. Remarqué le très beau buste en marbre de *Brutus* ; la *Vénus Callipyge* (Rome) dans un beau mouvement fait voir superbement ce que nos dames font deviner discrètement.

Le superbe torse de *Bacchus*, marbre large et modelé nerveusement ; à côté, la *Psyché* (Capoue) ; une *Minerve*, d'Herculanum. Puis la très belle collection Capoua : vases, dessins, bronzes, lampes de toutes formes (le dauphin revient souvent comme composition, souvent aussi des sirènes supportent deux lampes), candélabres à trois pieds, animaux de toutes sortes, bijoux, camées, etc.; les peintures décrites précédemment; puis lits, sièges, miroirs, bracelets, armes et casques de gladiateurs qui ont une grande tournure décorative. Enfin, tout Pompéï est là, dans un degré de civilisation, d'art étonnant.

Quelques salles de peintures de l'école napolitaine.

Voyage à Pompéi

POMPEI. Cette ville, il y a deux mille ans, grande, prospère, et en une demi-heure ensevelie sous la cendre projetée du volcan! avec Herculanum et Stabies, des milliers de personnes périrent y compris Pline l'Ancien. En tous sens je parcours cette grande ville morte, m'arrêtant aux temples de Jupiter, d'Auguste, de Vénus, au Forum, dans les rues étroites, pavées, bordées de trottoirs élevés.

Certaines maisons sont encore intéressantes à visiter : celle du Balcon, avec un étage ; la maison du Faune avec à l'entrée *(atrium)*, une belle mosaïque, un petit entablement très fin. Le **lupanar**, curieux, peintures obscènes.

Les thermes ; on voit encore les sièges des baigneurs, une **salle** ronde, bien conservée, éclairée par en haut (**bains froids**) ; une autre richement décorée, bassin de marbre blanc (bains de vapeur).

La maison du Poète tragique où se trouve une mosaïque fine, élégante. Boulangeries. Maisons du Chirurgien, des Vestales.

Enfin, j'arrive à la porte dite d'Herculanum et à cette voie des tombeaux si curieuse, de chaque côté bordée de tombeaux d'une si jolie architecture, de stèles la plupart très riches, et à laquelle quelques ifs de ci de là donnent encore plus de caractère.

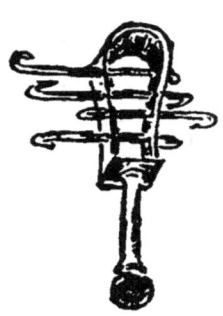

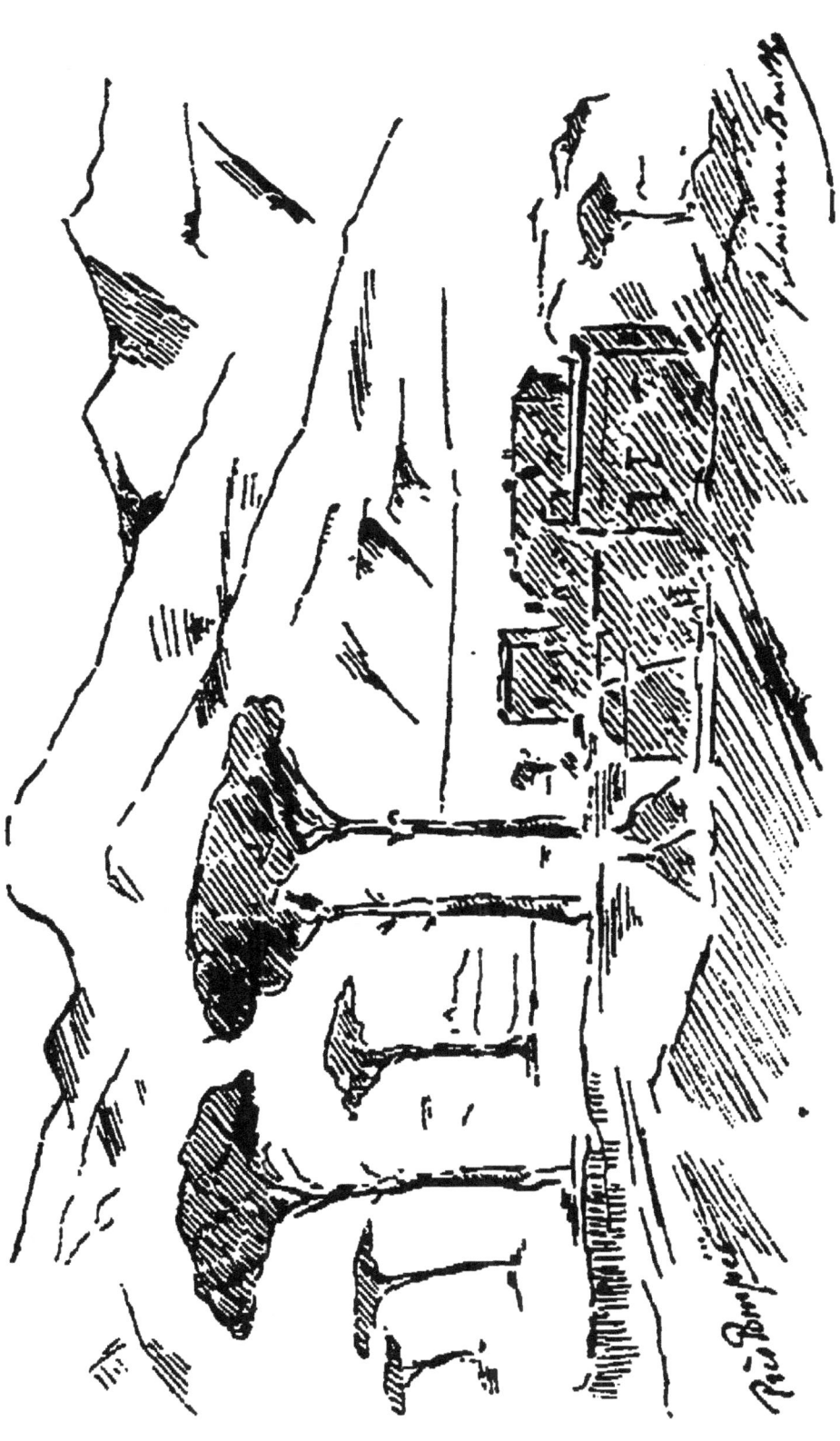

Le Vésuve.

Le lendemain. je fais l'ascension du Vésuve, hélas! par un mauvais temps. Un guide vient me chercher et, à cheval, nous gravissons la montagne; à une certaine hauteur, on laisse à d'autres guides les montures et. à pied, dans la cendre jusqu'à mi-jambe, on monte péniblement le cône jusqu'au cratère.

C'est effrayant! Le souffre vous asphyxie, vous aveugle; des détonations sourdes, éclatantes, vous assourdissent; par instant, la lave coule. Je crois que tout ce qu'on a imaginé sur l'enfer n'est pas aussi terrible. effroyable.

Les nuages nous enveloppent; Naples se perd là-bas. impossible de distinguer la ville; je m'approche encore plus près du cratère, et haletants, nous redescendons le cône dans la cendre et arrivons à nos chevaux.

Ah! ces gens qui nous les gardent, quels superbes mendiants! On est peu rassuré... c'est pittoresque.

Retour à l'hôtel du Soleil. Il neige un peu et il pleut. Nous croisons une caravane d'Américains, je leur souhaite bon voyage, par ce temps ! — Plus tard, je les revis à l'hôtel, dans quel état, grand Dieu ! surtout les dames.

Déconcerté par cet abominable temps, je revins à Naples le soir même.

Deux jours suivants, la tempête fit rage; j'allai sur la jetée entendre le fracas infernal des vagues, et c'était très beau.

♥

Tout ce mauvais temps fut passé au Musée à admirer les antiques : la *Diane d'Éphèse,* en albâtre oriental, aux ornements en bronze, et toutes ces salles, celles de Vénus, de l'Atlas, la statue polychrome d'*Isis,* la salle des Amazones. La *Flora,* dans le fond, grande statue de marbre aux belles draperies, trouvée avec l'*Hercule Farnèse* dans les Thermes de Caracalla.

Le très beau bas-relief d'*Orphée et Eurydice,* très connu, des Saturnales, etc.

Dans la salle des Bronzes, il est facile de distinguer les bronzes de Pompéï de ceux d'Herculanum, les patines sont très différentes : le *Faune ivre,* étonnant de patine allant du plus beau bleu au rouge et vert antique, le dos surtout la forme en est admirable; le *Petit Narcisse,* le *Faune dansant,* reproduits souvent par le moulage, et tant d'autres petits chefs-d'œuvre tous intéressants !

Dans la salle des Gladiateurs, une statue équestre de Néron ; le cheval est de toute beauté, la tête surtout, patine verte. Remarqué un beau buste de *Scipion l'Africain* ; puis des armes et armures grecques.

11 janvier. Promenade à Pouzzoles. à Baïa, au cap Misène. Je passe près de la villa de Cicéron et du Monte Nuovo, et me dirige vers le lac Lucrin. A Baïa, j'admire les ruines du temple de Diane circulaire ou octogonal. A Baïa, bien située près de la baie de ce nom. se trouve aussi le temple de Vénus. La Mare Morto. lac qui a beaucoup de caractère ; son eau stagnante, un véritable miroir, quelques ruines disséminées ici et là, vous reportent à une époque lointaine et toute artistique.

ISCHIA

12 janvier. A Ischia, il fait beau. Nous quittons Naples vers 2 heures par bateau.

Le Vésuve et ses environs sont couverts de neige; la traversée est bonne, il faut trois heures et demie environ pour celle-ci.

Nous longeons la côte et la pointe de Pausilippe, passons près de l'île Nisida où sont des forçats, traversons le golfe de Pouzzoles, faisons escale à Procida. La ville est dominée par un vieux château, des barques viennent chercher les voyageurs s'arrêtant dans cette île qui a 4 kilomètres environ. Puis on repart et vers 5 heures nous arrivons à l'île d'Ischia.

On voit tout d'abord un très beau château fort élevé sur un rocher, ancienne prison d'État. Nous continuons et à Casamicciola on débarque. Je vais dans le seul et unique hôtel, on y est bien, la situation est belle. Le mont Epomeo domine de toute sa hauteur (769 mètres à pic). Les maisons sont la plupart en ruines par suite du dernier tremblement de terre; l'église, les maisons sens dessus dessous; quelque chose de lugubre pèse encore sur cet aspect désolé.

Les enfants, gais, jouent au milieu des décombres.

Il fait froid; je suis seul avec le gérant de l'hôtel.

Ce brave homme me conte le tremblement de terre, qui le ruina, et au cours duquel une de ses jambes fut brisée. Il fit de son mieux pour me rendre le séjour de son île agréable et instructif.

La promenade du château à Casamicciola est fort belle ; route en corniche le long de la mer ; mais, hélas ! le beau soleil manquait, l'hiver se faisant aussi bien sentir à Naples qu'en France.

Retour à Naples.

♥

Il neige ! Il neige ! Quel gâchis ! Me voilà donc bloqué. Dans ma chambre de Santa Lucia l'air arrive de partout, pas l'ombre de cheminée; et il en tombe, de la neige! Le Vésuve est tout blanc, taché de noir, d'un curieux effet. On glisse, j'ai peine à marcher; la place du Plébiscite est un vrai skating.

Je vais m'enfermer au Musée, continuer l'étude des antiques.

♥

16 janvier. Nouvelle visite au Musée consacrée au musée secret de Pompéï : Petites peintures murales dont certaines sont très risquées; hermaphrodites, collection de phallus; statuettes, bronzes et allégories.

Ces collections comportent une étude spéciale de l'antique. Tous ces sujets, licencieux pour notre époque, étaient pour la plupart considérés comme objets de culte dans le paganisme, où la Fécondité, sous toutes ses formes, était en grande vénération.

Je passe aux salles de peinture : Guido Reni (le Guide) est représenté par une grande toile, *la Vanité et la Modestie*. La Vanité offre des présents à la Modestie qui se tient à ses pieds, un Amour vole entre elles; demi drapées, ces deux figures sont très belles, les têtes superbes; le corps de la Vanité est de toute beauté.

Puis les écoles de Parme, de Gênes, de Venise : Moretto, Tintoret ; la *Zingarella*, du Corrège; la *Danaé*, du Titien ; Rapahël, Luini, le Dominiquin, Bronzino, et des estampes de Raphaël.

Mes promenades favorites furent Baïa. le cap Misène, le lac Fusaro, par un assez beau temps, mais froid. sapristi ! Je n'eus pas trop chaud pendant mon séjour à Naples.

CAPRI

21 janvier. Excursion à Capri. Départ du bateau à 9 heures du matin ; la traversée fut bonne ; escale à Sorrente tant chantée par les poètes. Arrivé près de Capri, le bateau stoppa pour permettre aux touristes de visiter « la grotte d'Azur ».

De petites barques viennent prendre les visiteurs et, après quelques coups de rame, nous eutrons dans cette grotte par un trou dans le rocher ; il faut se mettre presque à plat dans le fond de la barque et profiter d'un remous de la mer, d'un bon coup d'aviron nous sommes alors dans une vaste salle ronde toute bleue, l'eau est d'un bleu d'azur admirable, remuée par les rames. elle tombe en gouttelettes bleues magnifiques. Un homme en caleçon de bain est là, il plonge et est tout bleu ; cet effet de lumière radiante est très curieux.

Nous regagnons notre vapeur, arrivons à 1 heure 1/2 à la Marina, le petit port de Capri. Je grimpe à pied un chemin rocailleux qui me conduit à la petite ville de Capri. Je vais directement à l'hôtel Pagano, hôtel des artistes.

Après déjeuner, je vais visiter la villa Tibère, d'où l'on jouit d'une très belle vue. Cette villa, soi-disant de Tibère, où il ne reste que de vieux murs romains, est peu intéressante si ce n'est par la légende qui s'attache à ces débris et au rocher, à quelques pas de là, d'où cet affreux Tibère, au dire de la légende, précipitait ses victimes d'une hauteur de 227 mètres à pic dans la mer. Cela devait sans doute beaucoup amuser Tibère de voir un plongeon pareil !...

A présent, un saint ermite garde ces ruines ; au-dessus de l'ermitage on lit : «Petite aumône, S. V. P., au pauvre ermite.» Les mendiants sous toute forme pullulent à Naples. Cela me fait penser à l'ermite de Saint-Moré près d'Arcy-sur-Cure, (Yonne) qui est un peu plus philosophe et dont la seule réclame est dans un petit drapeau tricolore planté devant sa grotte.

Retour à l'hôtel. La pluie se met de la partie ; décidément, pas de chance ! Pendant la nuit, la tempête fait rage, tout craque ! Le matin, il fait un vent du diable; pas un bateau ne sort du port!

Je vais quand même, par ce vent terrible, à Anacapri, gros village perché à 268 mètres au-dessus de la mer et dominé par le Solaro qui en a 600 environ. Je prends donc la jolie petite route en corniche qui va de Capri à Anacapri, route en lacet, taillée dans le roc. Ah! quel vent! J'ai cru, par instant, être emporté dans la mer ou jeté contre le roc; le temps est froid et le soleil manque; je suis seul dans la rue du village.

Au retour, même vent. Malgré cela l'après-midi, il fait un froid de loup, je vais voir l'autre versant de l'île et pousse jusqu'à la Marina; les vagues énormes m'empêchent de passer; je remonte mon petit chemin escarpé jusqu'à Capri. De pauvres orangers et citronniers sont balayés par le vent. Je rentre chez Pagano à 4 heures et attends complaisamment le dîner, laissant la tempête s'apaiser.

Cela me donne la faculté d'écrire à peu près tranquillement ces lignes.

Cette île, très accidentée, ornée de plusieurs vieux châteaux forts sur les crêtes, entre autres celui de Barberousse, fût un lieu de délices pour Auguste, Tibère, voire même les Anglais qui, en 1803, la fortifièrent; les Français, en 1808, les en chassèrent, le général Lamarque s'illustra dans cette campagne.

Dans la ville, l'église est de style espagnol. Les Capriotes au teint bronzé sont quelque peu Espagnols; les femmes, très belles, portent leurs fardeaux sur la tête, ce qui leur donne des allures très artistiques.

Dans mon hôtel sont des études de Benner, d'Edouard Sain et de quelques prix de Rome de passage à Capri; beaucoup de peintres et sur le nombre pas mal d'Allemands sont ici comme chez eux!

23 janvier. Enfin! Belle matinée et belle journée. Cela console. Des falaises, je jouis d'une vue admirable sur le golfe de Salerne; les montagnes sont couvertes de neige; le soleil est superbe.

Les Fasaglioni sont au pied de l'île, ilots rocheux.

Je vais par les chemins qui sont les plus pittoresques et je cherche les chèvres qui ont donné le nom de *Capri* à cette île.

♥

L'après-midi, à 2 heures 1/2, je reprends le bateau, et retour à Naples. On balance; la mer n'est pas encore calmée. J'évite néanmoins le mal de mer, comme à l'aller. Nous faisons escale devant Sorrente et, avant d'accoster à Santa Lucia, j'admire un magnifique coucher de soleil sur le golfe de Naples. Passage d'un aviso cuirassé anglais venant de Malte.

A 5 heures 1/4, nous sommes à Naples; il fait froid, mais sec, la soirée est belle; des chanteurs napolitains, accompagnés de guitares et de mandolines, se font entendre devant les hôtels. L'aviso ancré ruisselle de lumière électrique.

♥

24 janvier. Visite au palais royal de Capo di Monte, ancienne villa des rois de Naples, fantaisie princière. Sur la crête du mont, on bâtit jadis ce château; terminé, on s'aperçut qu'il était sur une carrière; il fallut le soutenir. Point de chemin, point d'eau; bref, les princes ou rois l'abandonnèrent et il devint un musée.

Beaucoup de salles, beaucoup de peintures modernes peu intéressantes, des porcelaines; une belle collection d'armes.

Ici et là, deux Goya très beaux, *Charles IV* et *Marie-Louise d'Espagne*. Un lit d'enfant, bois sculpté, vrai tour de force. Un boudoir tout recouvert de porcelaines, sans doute de Capo di Monte.

Les gardiens sont assommants.
Des jardins, la vue s'étend sur le Vésuve.
Retour par la neige et le dégel.

❤

Dimanche. 25 janvier. A 6 heures du matin, je suis debout, prends le train et vais visiter Pæstum. Un voyage très long, par la lenteur que met ce train ! Cependant, jusqu'à Salerne, la côte est si belle !... Torre del Greco, au pied du Vésuve; Torre Annonciata, près de Pompéï, puis la ligne coupe la pointe de Sorrente (la Campanella) et se dirige directement sur Salerne. En passant, je jette un long regard sur ce beau golfe de Salerne, regrettant de ne pas m'y arrêter et de ne pas visiter Amalfi, le plus beau site de ce golfe, couvert d'oliviers et de myrtes et enrichi de corail.

Passé Salerne, le train court dans une longue, longue plaine triste, surtout par ce temps gris et brumeux; des troupes de buffles passent et on arrive à Pæstum à midi.

PÆSTUM

Pæstum, six siècles avant Jésus-Christ, était une grande cité fondée par des Sybarites. Sarrasins et Normands ravagèrent et détruisirent cette ville que l'on disait magnifique; les habitants l'abandonnèrent complètement. Il n'en reste aujourd'hui que trois temples superbes, dressant encore leurs ruines majestueuses et fortes dans une vaste plaine désolée, dénudée, aride; deux ou trois maisons modernes où sont des auberges; quelques anciens murs, des ronces pêle-mêle.

On passe la porte de la Sirène et l'on se trouve près des trois temples : le temple de Neptune, la Basilique et le temple de Cérès ou de Vesta.

Ces deux derniers se dressent majestueux un peu plus loin. Celui du milieu est assez bien conservé; la pierre a pris un ton chaud brun rouge; il est d'ordre dorique, dans de grandes et belles proportions. Celui de Cérès, le plus petit, a trente-quatre colonnes. Le plus beau et le plus grand est celui de Neptune, aux colonnes cannelées, élevé sur plusieurs marches;

60 mètres sur 25 de façade environ ; à l'intérieur. double rang de colonnes ; le caractère qui se dégage de ce temple dorique est la puissance et la force.

Déjeuner à l'auberge où l'on est étrillé d'une façon magistrale ; elle est triste cette auberge au milieu de cette plaine si longue, si monotone ; on y vend de tout, épicerie, étoffe, on y fait même le pain.

Ces gens de Pæstum, aux allures pittoresques, sont de vrais voleurs ; des gamins viennent m'offrir des monnaies antiques, trouvées près des temples, d'abord un, puis deux, puis trois, puis toute une bande ; j'envoie au diable cette graine de brigands.

Où sont, hélas ! les bosquets de roses dont Virgile parle, les bains d'albâtre, les palais de marbre ? O superbe ville des Sybarites (Sybaris était plus au Sud dans la Calabre), je regardai encore longuement la silhouette de tes majestueux temples au milieu de ce désert !... Et je rentrai à 7 heures à Naples.

♥

Les jours suivants, je fis l'ascension de San Martino près du château San Elmo, ancienne chartreuse convertie en musée. L'église est richement décorée; de très belles fresques à la voûte, de Lanfranc; le pavé est de mosaïques. Là, j'admirai de superbes et solides Ribera, au coloris vigoureux et au dessin magnifique.

Ribera séjourna assez longtemps à Naples; spadassin de premier ordre, il domina et s'imposa, même par la violence, aux autres peintres. On voit de lui *les Douze Prophètes, la Cène, la Déposition de la Croix*, admirable, etc. D'autres toiles de Lanfranc, Giordano et Caravage, autre terrible peintre qui poussait l'amour des sensations neuves jusqu'au banditisme.

Dans le cloître, soixante colonnes doriques, et l'on entre dans le musée Bonghi dont plusieurs salles renferment des objets précieux d'art religieux, reliquaires, vases sacrés, etc.

Du château San Elmo, près de là, on jouit d'une vue remarquablement belle et vaste sur tout Naples, bâti en amphithéâtre, sur son golfe, sur les îles Capri, Ischia, Procida, Nisida, etc. Ce château, du XVIe siècle, a grand air; actuellement, c'est une prison militaire.

♥

Je parlerai, redescendant en ville, du quai de la Chiaja, que l'on prononce *Kiaïa*: 2 kilomètres de long, magnifique quai en bordure sur la mer, « la Promenade des Anglais » de Nice, transportée à Naples. Tous les plus riches hôtels sont sur ce quai.

Là, j'essuyai une bourrasque terrible, la mer était si forte que les lames balayaient la chaussée; un vent effroyable faisait tout tourbillonner. Je me plaisais d'être au milieu de ce vacarme.

Au-dessus de la Chiaja se trouve le Vomero, aux jolies villas entourées de jardins. J'y montai à la recherche d'un atelier, habité jadis par un sculpteur et un peintre compatriotes bourguignons.

Puis, longue promenade dans la rue du Tasse et le Corso Victor-Emmanuel jusqu'au château Saint-Elme. C'est magnifique, ce trajet, sur les hauteurs de Naples.

♥

Je parlerai également de l'immense théâtre San Carlo où j'allai entendre un opéra. Brillante musique. Le plus grand théâtre d'Italie.

♥

Monte Oliveto, église des XVe et XVIe siècles, où se trouvent des tombeaux illustres. A côté, un couvent où le Tasse fut accueilli par les Bénédictins.

En résumé, les églises de Naples n'offrent pas d'intérêt; le style en est très tortillé, abracadabrant et peu religieux.

Enfin, le 26 janvier, je dis adieu à Naples, à Santa Lucia, et... pour longtemps ! car ce quartier très napolitain a été démoli et n'existe plus à présent.

Le temps ne m'a certainement pas favorisé dans certaines excursions, d'autres sont restées en panne, mais, par la belle saison, Naples doit être de toute beauté et le proverbe : Voir Naples et... y rester, si l'on veut, est vrai.

Vers 3 heures de l'après-midi, je m'embarque sur le paquebot en partance pour la Sicile. Je choisis ma couchette, deuxième classe.

A 5 heures, la cloche sonne, la sirène se fait entendre et nous quittons Naples.

De NAPLES à MESSINE.

Départ de Naples, le 26 janvier, à 5 heures du soir. Lentement, nous quittons le port, puis, passé le môle, nous naviguons. Le soleil est couché, le golfe de Naples est tout rouge. Je jette un long et dernier regard sur le Vésuve qui, à cet instant, est d'une netteté parfaite, et un long salut à Santa Lucia, au vieux château et à l'abbaye de Naples qui disparaissent peu à peu, à mesure que nous nous éloignons.

Nous nous dirigeons entre la pointe de Sorrente et Capri. On sonne le dîner. Je ne perds pas un coin de cette terre privilégiée et tant chantée... Enfin, il est nuit.

A 6 heures, on se met à table. Dîner parfaitement servi et bon, ce qui est bien un peu quelque chose en voyage et surtout en mer. Mon voisin de table est un brave Hollandais, architecte, qui, entre parenthèses, a un vigoureux coup de fourchette. La conversation s'engage sur les choses vues, les impressions d'art. Le dîner terminé, bons amis, nous montons sur le pont fumer, lui, comme un Hollandais, moi, quelques cigarettes, et continuer notre dissertation sur les beaux-arts italiens et flamands.

La mer est superbe; dans ce grand silence de la nuit, on n'entend que le bruit des machines et de l'hélice; la lune est brillante, les vagues argentées. Au loin, déjà, les phares de Capri et de la pointe de Sorrente. Adieu Sorrente!

9 heures, plus personne sur le pont. Je reste encore une demi-heure à admirer la mer, puis descends dans ma cabine écrire ces impressions, et me coucher.

On dort plus ou moins sur ces couchettes si étroites, on se console en entendant d'autres ronfler à poings fermés.

Bref, à 6 heures du matin, je me lève et vais faire une promenade sur le pont, respirer le grand air... Il pleut.

♥

Premier déjeuner. Je laisse donc passer cette ondée, puis remonte, et j'assiste au lever du soleil en mer, ce qui est loin d'être banal. La boule lumineuse monte doucement à l'horizon, enveloppée de gros nuages noirs; pas bon signe.

J'aperçois les îles Lipari, le Stromboli et, au loin, la Sicile et l'Etna.

♥

Nous approchons du détroit de Messine et de la côte de Calabre à gauche, passons Charybde et Scylla, l'épouvante des marins d'autrefois. La fable en est la suivante : Charybde était une femme qui, ayant volé des bœufs à Hercule, fut foudroyée par Jupiter et changée en ce gouffre, près de l'autre nommé Scylla. Il fallait donc naviguer juste entre ces deux gouffres, si l'on ne voulait pas tomber de l'un dans l'autre, des hurlements en sortaient affreux.

En Sicile, nous serons dans un pays tout à fait mythologique, où à peu près tous les dieux ont établi leur demeure dans cette île volcanique et merveilleuse.

SICILE

Enfin, à 8 heures 1/2, nous sommes dans le très beau port de Messine, des canots viennent en foule tout autour du navire et mon architecte et moi sautons dans l'un.

MESSINE

Notre première étape fut à l'hôtel. Après déjeuner, nous allons visiter la ville et la cathédrale assez curieuse, du XIe siècle, la voûte en charpente. Nous remarquons des sculptures grotesques et d'autres naïves, des mosaïques assez belles; vingt-six colonnes de granit antiques, monolithes, la chaire de marbre, l'autel aux belles mosaïques, puis des souvenirs de la famille d'Aragon qui régna en Sicile.

Dans la ville, quelques maisons siciliennes offrent de l'intérêt.

Nous prenons une voiture pour faire la promenade du cap Faro, très recommandée. En effet, elle est toute pittoresque, 12 kilomètres de Messine.

Au hameau du Faro, les maisons des marins, pêcheurs, sont curieuses; des fileuses sont sur les portes, des lavandières, d'autres femmes portent des amphores sur leur tête, comme aux temps antiques; leur allure est très belle, leur teint de bronze, on les prendrait pour des statues.

Nous montons au haut du phare, d'où l'on jouit d'une vue incomparable sur tout le détroit, sur les côtes de Calabre éloignées de trois à quatre kilomètres, à deux pas se trouvent Charybde et Scylla.

Le retour est des plus varié. Les monts élevés de la Sicile sont couverts de neige; nous roulons à travers une végétation africaine : aloès, cactus, figuiers de Barbarie, et nous rentrons à Messine.

♥

La soirée est superbe. Souper au café des Variétés où il y avait kermesse,... sans doute en l'honneur de l'architecte hollandais, mon compagnon. Après sa comparaison entre la kermesse hollandaise et sicilienne, chacun regagne sa chambre, et au lendemain...

28 janvier. Le temps est tout à fait beau. Revu quelques coins de ville; Messine eut ses heures d'épouvante, tremblements de terre, peste, bombardements, etc. Ville rebâtie plusieurs fois; de belles voies, le Corso Victor-Emmanuel, la fontaine de Neptune enchaînant les monstres Charybde et Scylla, le Corso Cavour.

❈

TAORMINA

Le 28 janvier, à midi et demi, nous prenions donc le train direct pour Taormina, le parcours est des plus pittoresque : comme toujours, quantité de tunnels permettant de traverser ces côtes sauvages, déchirées; la mer d'un bleu intense, à gauche et au loin, les côtes de la Calabre. Une heure et demie de trajet.

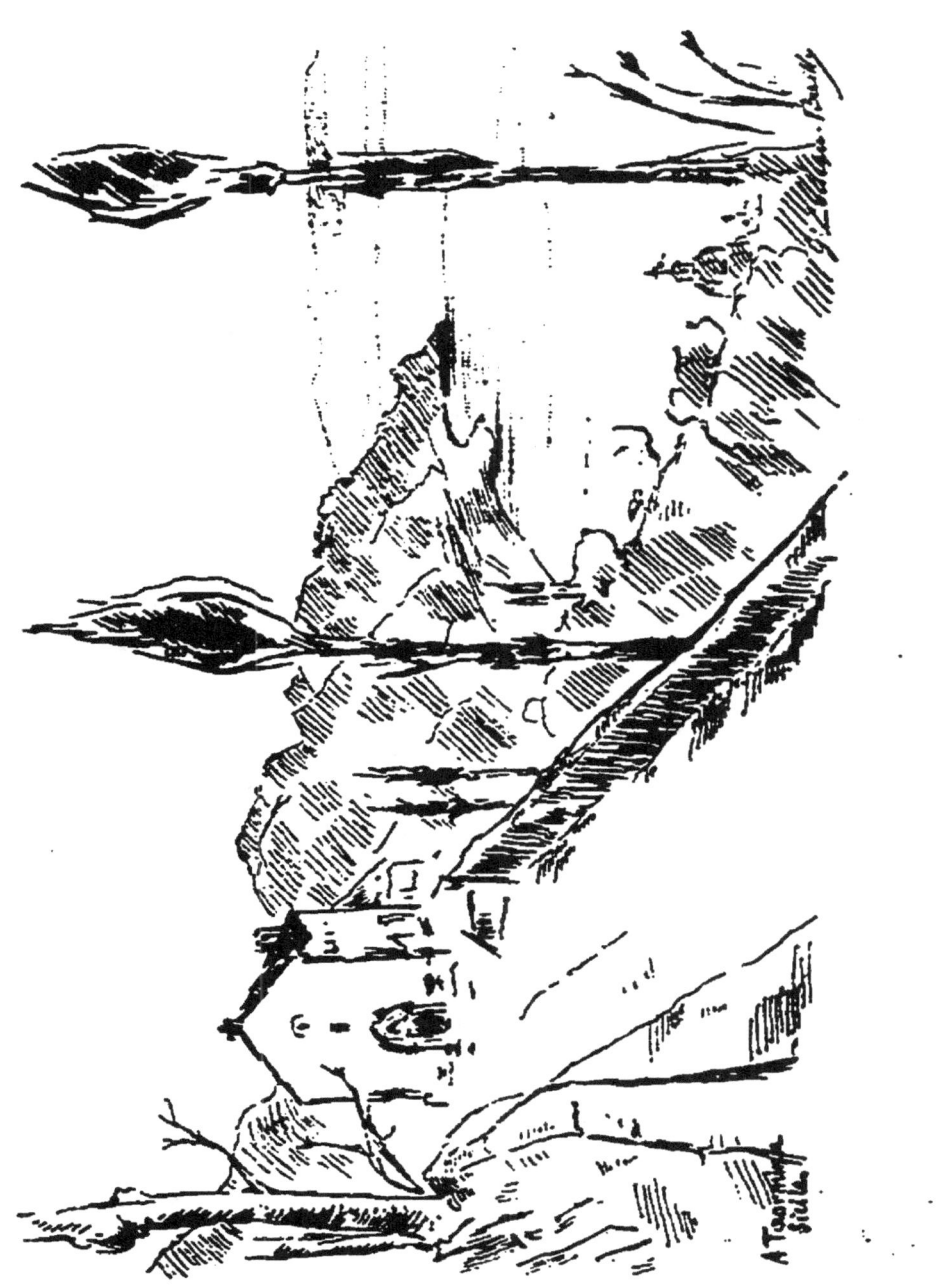

Arrivés à Giardini-Taormina, mon Hollandais, sa femme et moi, nous prenons une voiture à deux chevaux et montons par une route en lacet, admirable de pittoresque, jusqu'à la ville de Taormina, élevée de 160 mètres à pic au-dessus de la mer Ionienne. Il nous est loisible d'admirer l'Etna, masse imposante, trois fois plus haute que le Vésuve et tout couvert de neige au sommet, et la crête d'une montagne très aride au-dessus de laquelle s'élève un antique château féodal. L'ensemble de ce panorama vu de Taormina est vraiment grand, curieux et d'un caractère très particulier. Nous ne sommes plus en Europe, pas en Afrique, quoiqu'il y ait de l'analogie, mais bien en Sicile.

L'hôtel Victoria, hôtel d'artistes, nous reçut à bras ouverts; nous passâmes là d'excellentes journées, tout à fait en famille.

Débarrassés de tous nos encombrements, notre première visite fût au *Théâtre grec*. Cette curieuse cité de Taormina fut fondée 400 ans avant Jésus-Christ. Comme tous les peuples passèrent en Sicile, Grecs, Sarrasins, Romains, Normands, Africains, etc., chacun y laissa trace de sa domination; aussi verrons-nous dans l'architecture, dans la sculpture de certains édifices, le caractère de chacun d'eux : livre ouvert où se trouvent gravées les civilisations disparues.

D'abord ce *Théâtre grec*, dans une situation unique, vaste décor naturel. Il pouvait contenir 30.000 spectateurs; la scène est assez bien conservée; quelques restes antiques, colonnes de marbre, torses, chapiteaux, etc., et les gradins intacts. Les Romains, étant maîtres de la Sicile, agrandirent ce théâtre.

Je disais que la situation de ce théâtre était merveilleuse; panorama superbe, les côtes siciliennes s'y déroulent des deux côtés : d'un côté, Catane et la pointe de Syracuse; de l'autre, près du télégraphe, les montagnes de la Calabre, le détroit de Messine, très large, et l'Etna, dominant tout cela. On ne peut se lasser de cette vue unique.

Je décris ceci, assis sur les ruines du théâtre, il est 3 heures; l'Etna disparaît dans les nuages, on ne voit que la base de l'énorme montagne, couverte de neige au sommet.

Un nid d'aigle, Mola, accroché sur un rocher très élevé (635 mètres), est entre Taormina et l'Etna; à côté, le vieux château « Castel Mola »; les murailles crénelées de ce burg se découpent nettement sur le ciel. Quelle aridité ! Roches où ne poussent que de grands cactus et aloès; quelques touffes d'herbe très rares; plus bas, des jardins. Les arbres commencent à se couvrir de fleurs, il y en a de tout à fait épanouies : c'est le printemps !

♥

Excursion à Mola. Il nous faut grimper 600 mètres à pic au-dessus de la mer. Nous dominons Taormina, nous marchons par un petit sentier entre rocs et cactus. La vue s'élargit de plus en plus ; à mesure que nous montons l'horizon se fait démesurément large. Ce pays, ce nid d'aigle, Mola, est des plus primitifs. flanqué de son vieux château-fort sarrasin. Au retour, des paysannes siciliennes nous reconduisent, elles ont des types magnifiques, une fierté sauvage brille dans leurs yeux noirs et profonds, leur teint est de bronze.

♥

Le 31 janvier, après avoir vu les hauts sommets, je prends un âne et, à califourchon, je descends à Giardini, bien nommé : un vrai jardin.

Au Salon de 1902, j'ai revu avec plaisir les grandes et belles études d'Iwill sur Taormina, ses aquarelles ; c'est bien là ce magnifique pays.

Samedi, il pleut un peu. J'en profite pour dessiner quelques têtes énergiques, bronzées de

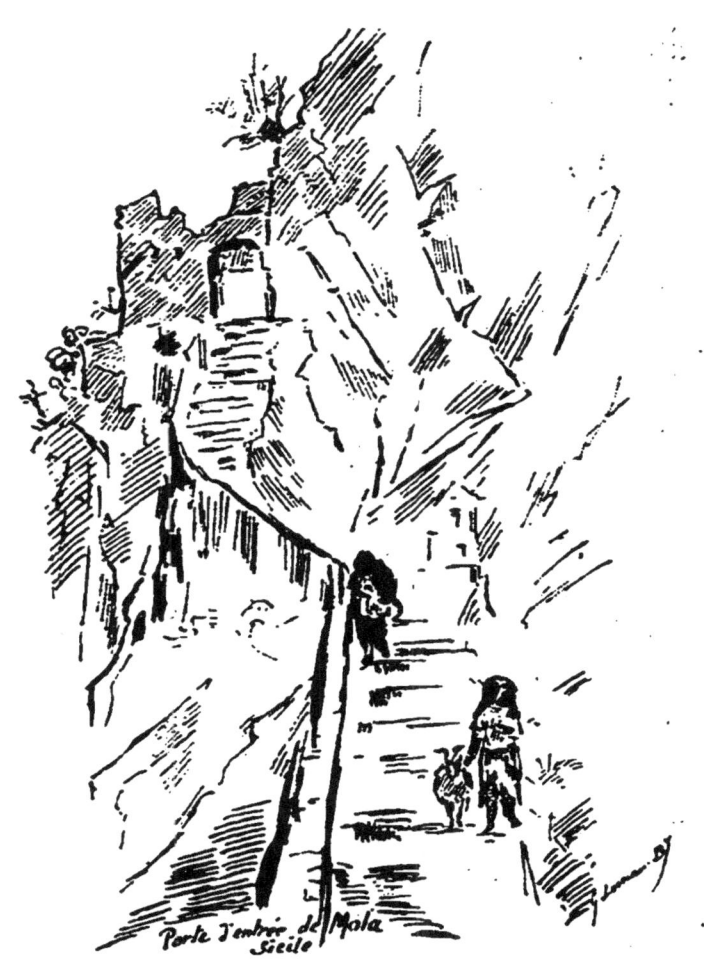

Porte d'entrée de Mola
Sicile

Siciliens; quelques notes vives de foulards complètent ces demi-barbares très beaux.

Le soir, j'assiste en curieux — on était venu nous chercher à l'hôtel — à un bal public, dans une salle basse à peine éclairée, très enfumée. En un coin de cette salle dormaient profondément le patron et ses enfants, jetés pêle-mêle sur un matelas.

Les Siciliens aiment beaucoup la danse, et nos danses françaises leur sont favorites; pour le quadrille, ils s'expriment en un mauvais français. Voilà tout ce qui reste peut-être de notre domination en Sicile sous Charles d'Anjou... en y ajoutant deux monuments très curieux, la *Badia*, de style normand, et le palais San Stefano, du XIVe siècle, monuments très curieux à visiter à Taormina.

Un beau soleil chaud, des fleurs, le commencement de printemps, de la vie partout; c'est ce que nous réservait ce charmant et pittoresque Taormina.

J'aurais volontiers passé un mois de farniente, de repos, dans cet Eden.

D'autres pays d'études, d'autres contrées m'appelaient, je quittai, un peu à regret ce coin de Sicile, sa flore africaine, pris le 31 janvier la jolie route en lacet bordée de villas et de jardins se mirant dans la mer, du plus beau bleu, et arrivai à la station.

Je serrai la main à mon architecte hollandais qui tint à m'accompagner jusque là, et, en route pour Catane et Syracuse.

Longtemps, longuement, je regardai Taormina... puis plus rien que le Souvenir !

♥

Nous suivons la côte, longeant la mer très bleue et la base de l'Etna ; de la lave en masse.

Je remarque les vignes, taillées court, contrairement aux vignes d'Italie ; les ceps sont énormes. Les citronniers abondent. Quelques villages juchés sur le haut des montagnes ; puis, le pays devient un peu monotone ; toujours de la lave, l'aspect est noir et aride, des oliviers ; la vue est belle sur la mer, les vagues blanches s'épanchent sur la lave noire, et, avant d'arriver à Aci Reale, il nous est donné d'avoir encore un panorama tout à fait grandiose.

Aci Reale, autant qu'on peut en juger, est une grande ville ; c'est dans ses environs que se déroulèrent, selon la fable, les amours d'Acis et de Galatée. Deux mots sur cette fable :

Acis était très beau et Galatée l'aima ; mais le Cyclope Polyphème, séduit lui-même par les charmes de cette nymphe de la mer, surprit les deux amants ; dans sa fureur jalouse, il roula un rocher et écrasa Acis. Galatée implora les dieux qui eurent pitié de sa douleur et changèrent le sang d'Acis en un fleuve, nommé depuis Acis, qui descend de l'Etna. Ces forgerons de Vulcain, les Cyclopes étaient gens terribles ; ils travaillaient aux foudres de Jupiter dans l'Etna. Nous sommes donc en plein pays de mythologie.. A Paris, au Luxembourg, la belle fontaine de Médicis représente ces amours tragiques.

♥

Passé Aci Reale, nous suivons une anse toute déchiquetée où se trouve un village très pittoresque orné d'un vieux château bâti sur un rocher, Aci Castello. En face, un groupe d'îlots dénommés l'écueil des Cyclopes, où se trouve également la caverne des Cyclopes.

Cannizaro. Toujours de la lave, des oliviers et des amandiers en fleurs. Puis, la baie de Porto Longina et Catane.

Nous brûlons Catane qui est une ville de 100.000 habitants ; c'est de là qu'on part pour faire l'ascension de l'Etna qui dure plusieurs journées.

Passé cette ville, la ligne est longue, monotone; la grande plaine de Catane, véritable désert, ressemble à la Crau d'Arles.

On traverse le Simeto, puis un tunnel; on côtoye le lac de Lentini (20 kilomètres de tour), au milieu des orangers, le pays est pittoresque.

Augusta, ville forte maritime sur la grande baie de Catane; Duquesne s'y illustra, en 1676, par une brillante victoire. Nous voyons, dans cette superbe baie, se balancer l'escadre italienne, et, enfin nous arrivons à Syracuse.

SYRACUSE

1er Février. Un Dimanche; temps magnifique. Nous allons visiter l'ancienne Syracuse, fondée 735 ans avant Jésus-Christ, par les Corinthiens; cette ville avait 28 kilomètres de tour, était divisée en plusieurs régions dominées par le fort Euryale.

La Syracuse moderne est bâtie sur l'île d'Ortygie. Le gardien nous conduit et nous fait voir de nombreuses antiquités dans l'ancienne Syracuse.

Le *Théâtre grec*, creusé dans le roc, les gradins sont encore en bon état, il contenait 25.000 spectateurs environ.

La *Voie des Tombeaux*, taillée également dans le roc; à droite et à gauche, succession de tombeaux.

La grande curiosité, *l'Oreille de Denys*, ce fameux tyran de Syracuse. Sur la surface du rocher se dessine une cavité profonde de 25 mètres qui a à peu près la forme d'une oreille; on entre par une petite porte basse et on se trouve dans une grotte ou vaste salle de 58 mètres de longueur. L'acoustique y est très curieuse; le gardien froisse du papier, parle à voix basse, les moindres sons y acquièrent une grande intensité. La légende raconte que Denys venait là, caché, écouter les gémissements de ses victimes. Nous sortons, la porte en fer poussée un peu fort résonne comme un coup de tonnerre.

De là, nous allons à l'*Amphithéâtre romain*, il est ovale et creusé en partie dans le roc; bains romains et grand autel des sacrifices, souvenir de Hiéron.

Au retour, le *custode* (gardien) commande notre déjeuner à l'osteria; très complaisant, ce gardien; et tout en déjeunant nous dissertons sur ces antiques constructions syracusaines qui de nos jours subsistent encore ; lorsqu'on pense que des murailles énormes s'élevèrent en vingt jours autour de Syracuse, que 60.000 ouvriers, 6.000 bœufs accomplirent ce tour de force !

Dans la nouvelle Syracuse, rien de bien remarquable, si ce n'est son port national ; le petit port dallé de marbre était une merveille du temps de Denys.

Le musée est remarquable : épitaphes grecques, romaines, hébraïques, égyptiennes, etc.; quelques statues romaines, une très belle Vénus en marbre de Paros, poteries, fibules, bronzes, haches, lampes, quantité d'objets antiques trouvés dans les nécropoles de Mégara et de Syracuse, verreries, bijoux d'or et d'argent, enfin, une des plus admirables collections de médailles, monnaies d'or et d'argent, que l'on puisse voir, toutes de Syracuse, d'une netteté parfaite, — pour les numismates, c'est une richesse inouïe.

Promenade sur le port. Je regarde pour me délasser un embarquement d'oranges sur un vapeur anglais, et longe la mer du côté des Capuccini, jardins plantés d'ifs *(latomie des Capucins)* au fond de carrières à pic. Curieuses perspectives sur la mer, des colombariums dans des cavernes, traces d'épitaphes.

Deux fontaines sont à voir : celle d'Aréthuse et celle de Cyane, deux nymphes de Sicile (lire les *Métamorphoses* d'Ovide). La fontaine de Cyane est bordée de hauts papyrus, sorte de joncs élancés et fins aux têtes échevelées.

Adieu à Syracuse, si curieux à visiter.

Retour à Catane où se trouve l'embranchement pour Palerme.

Néanmoins, je laisse cette grande ville, souvent ruinée, ravagée par de terribles tremblements de terre et des éruptions de l'Etna. Patrie de Bellini, son monument, par Monteverde, représente ses quatre immortels chefs-d'œuvre : la *Norma*, la *Somnambule*, les *Pirates* et les *Puritains*.

♥

De Catane à Palerme, cette traversée de la Sicile de l'Est à l'Ouest est longue, ennuyeuse ; le pays est mamelonné, monotone, quoique bien cultivé, pas un arbre, rien.

Jusqu'à Leonforte, ce ne sont que longues plaines vallonnées.

A Castrogiovani, vrai nid d'aigle, donc, assez pittoresque.

Effet de soleil couchant curieux à Santa Catarina, chemins détrempés par les pluies.

Fatigué, je laisse Girgenti, l'antique Agrigente, ses ruines, ses temples doriques.

A Termini, on est sur la Méditerranée que l'on suit jusqu'à Palerme, où j'arrive le soir du 3 février.

PALERME

Palerme, grande et très belle ville, peuplée de 250.000 habitants, se trouve au fond d'une baie magnifique, dominée à gauche par le mont Pellegrino.

Sa cathédrale est un édifice remarquable, de différents styles, allant du XIIe au XIVe siècle, roman et ogive alternant avec des parties d'architecture normande (la crypte). Elle a trois nefs et renferme plusieurs tombeaux assez curieux : ceux d'Henri VI, de Frédéric II et de sa femme Constance d'Aragon, etc.; l'un est en porphyre, des lions le supportent, celui d'Henri VI, empereur et roi de Sicile, en marbre blanc.

Baptistère; un bas-relief en marbre et au-dessus une scène *Adam et Ève après le péché,* le serpent enroulé dans le feuillage et cette inscription : *Hieronimus Paterno cantor et magister cappellanus acresuo,* etc., etc.

Les bénitiers de marbre blanc sont très intéressants, ornés de petits anges aux jolies têtes et dominés par une statuette d'ange, l'un est plus simple que l'autre.

Dans le chœur, des sculptures gothiques (bois) chargées, peintes et repeintes. A part quelques jolis autels, ornés de bas-reliefs, l'intérieur est quelconque.

Aux bas côtés quelques coupoles.

Il ne faut pas omettre le campanile très curieux, jeté de l'autre côté de la rue et relié à la cathédrale par deux arcades ogivales siciliennes.

Sainte-Rosalie, patronne de la cathédrale, est en grand honneur à Palerme, son sarcophage est d'argent massif.

♥

Le 5 février, je vais faire la connaissance du banquier Frollo qui m'inonde de papier-monnaie sale, il faut y passer.

Puis au musée. Pour une permission, là, ce sont des signatures à donner à ne plus finir. Je fais un tour dans les salles; l'aspect général en est un peu boutique de bric-à-brac, choses entassées et sans ordre. J'espère que, depuis, cela a dû changer.

Promenade à la Favorite, villa royale, dans un grand parc au pied du mont Pellegrino. Fontaine. Colonne dorique surmontée d'un Hercule, des ifs autour, puis, un pavillon chinois ou pagode. J'assiste à un bel effet d'orage autour de cette villa, les montagnes ont une tonalité allant du noir au violet sombre.

Bref, le mauvais temps et la pluie. Je rentre à 8 heures. Quelques masques m'annoncent qu'on est en Carnaval.

♥

6 février. Je revois la cathédrale extérieurement : quelques ogives primitives, les portes,

à l'extérieur, très décorées, et une Vierge en mosaïque.

L'après-midi, au couvent des Capuccini.

♥

Ah ! cette longue galerie funèbre, je m'en souviendrai longtemps ! Macabre, très macabre !! Une enfilade de cercueils, des moines revêtus de leurs robes de bure, accrochés aux murs, desséchés, des curés en habits sacerdotaux, suspendus également, leurs barrettes enfoncées jusqu'aux yeux, des grimaces, des rictus effroyables : il y a là, dans ce musée effrayant, des enfants desséchés ! Un moine un peu goguenard et lugubre nous conduit dans cet antre, il épie sournoisement nos impressions, c'est d'une réalité qui donne le frisson. Le sol, la température conservent très bien tous ces corps.

♥

Pour me remettre, je vais au jardin botanique où poussent des plantes exotiques. Puis, retour en ville et promenade sur le port ; j'assiste à la rentrée des voiliers et des vapeurs. En passant, j'ai remarqué quelques monuments siciliens, à l'ogive trapue et caractéristique, moins bariolés qu'en Italie, partant plus simples ; la pierre est d'un jaune rouge, chaud de ton ; on sent l'influence de l'architecture normande.

♥

Le musée se trouve dans un ancien couvent.

Au rez-de-chaussée, des terres cuites antiques et des mosaïques fort intéressantes, entre autres *Orphée charmant les animaux ;* quelques peintures antiques. Plus loin, fragments de temples d'Imera et d'Agrigente ; tête de panthère, trois statues dont un *Faune* intact, petites Minerves archaïques.

Les salles de Selimonte sont les plus intéressantes : les métopes du temple, de petites terres cuites, palmes jolies de couleur, — grandes métopes, — trois hauts-reliefs : 1° Quadrige, chevaux de front, trois groupes de figures, statuaire primitive, les plus belles sont celles du fond de la salle ; 2° dieu assis et déesse drapée ; 3° Actéon ; 4° Minerve et autre sculpture très vivante, — fragments d'architecture grecque peinte bleu et rouge.

J'ai donc vu en partie ces ruines de Selimonte et Agrigente dans ce musée.

Musée étrusque : dans trois salles, quantité d'objets de toute sorte, coffres, pierres funéraires, etc., etc...

♥

La Mortanara, église du XIIe siècle sauf le campanile qui date du XIVe, de style normand dans les parties anciennes.

Les Normands ont laissé de belles traces de leur passage dans la Sicile, de 1060 à 1087, à l'avènement de la féodalité. Ils étaient guerriers et aventureux et apprirent aux seigneurs à sortir de leurs châteaux-forts.

Leur préoccupation était de fonder et de civiliser, ils firent la conquête de l'Italie méridionale et forcèrent le pape Léon IX à leur accorder la Sicile, la Calabre, etc...

Aussi voit-on beaucoup de très beaux monuments en Sicile des XI et XIIe siècles, de style normand. La Mortanara en est un exemple ; de très belles mosaïques sur fond or enrichissent cette architecture plein cintre. Colonnes de marbre gris et veiné, monolythes, chapiteaux dorés, dans la coupole le Christ entouré d'anges, aux angles sont les apôtres ; les inscriptions noires sur fond argent sont grecques ; les prophètes ; les cintres sont également mosaïqués. Le reste de cette petite église est un peu « peinturluré ». Remarqué de la ferronnerie ouvragée; bénitiers du XIe en marbre, jusqu'au pavage qui est curieux, historié.

Près du campanile est une mosquée. Les Siciliens furent longtemps musulmans. Cette mosquée est ancienne, pavée de mosaïques, les murs nus; six colonnes incrustées de mosaïques; chapiteaux composites, dont un arabe; trois coupoles. Cette mosquée fut utilisée par le catholicisme, car on y trouve un autel de marbre avec les signes évangéliques. Le campanile à côté est roman, colonnes de marbre et incrustations, la porte du bas est d'origine primitive.

♥

Le 7 février, visite à San Giovani, au sud de la place de la Victoire. Méli-mélo d'art arabe, normand, tout cela en ruine. Le cloître est pittoresque, voire même théâtral. Le custode, né malin, n'accepte aucun pourboire; je reste surpris!... mais il vous conduit dans son magasin et vous étrille bel et bien.

Autour de Palerme.

Excursion à Montreale (20.000 habitants environ). Je profite d'un Dimanche pour faire cette promenade à 7 kilomètres de Palerme.

On monte tout le temps, Montreale se trouvant à 350 mètres au-dessus de Palerme; de là, vue magnifique.

La cathédrale, une des plus belles, des plus somptueuses de Sicile, est vraiment remarquable, de la fin du XIIe et de style normand. Elle a 102 mètres de long et 40 de large. Ce style mâle et sévère me change des églises d'Italie, en général bariolées et tapageuses à l'œil. L'intérieur est tout couvert de mosaïques exécutées par des Grecs qui à cette époque. étaient très fort mosaïstes. A part Saint-Marc de Venise, jamais je n'ai vu si grande profusion de mosaïques donnant un caractère aussi riche aux églises. C'est d'une grande variété d'ornements; sujets sur fond or.

Trois nefs, celle du milieu vaste, le chœur en prend le tiers. Neuf colonnes monolythes par côté, en granit oriental. Chapiteaux composites, aux volutes deux cornes d'abondance ; au centre, têtes de Vierges, arcs surbaissés ; immédiatement au-dessus des ogives commencent les mosaïques or, vert et rouge : scènes de la Bible, naïves compositions ayant grand caractère, le Christ d'un dessin impeccable. Plus haut, les faits d'histoire sacrée, enfin, partout, toutes les scènes religieuses.

Le fond de l'abside est saisissant de grandeur, de majesté : le Christ, énorme, à mi-corps, au-dessus, la Vierge et les Patriarches. Toutes ces figures colossales se détachent sur fond or, dans un demi-jour qui rend cette scène très mystique et impressionnante.

La voûte est en charpente apparente, dorée et bien décorée. Quelques tombeaux de marbre blanc ; les portes de bronze, quarante-deux compartiments ornés de bas-reliefs par Bonnano de Pise (1186). Tous les faits du catholicisme sont là.

Dans le cloître, deux cent seize colonnes fort élégantes. Nous reviendrons à ce cloître.

❤

Au retour, un rayon de soleil brille et se promène sur cette jolie « conqua d'oro » qui s'étend du pied de Montreale jusqu'à Palerme ; vallée encaissée entre de hautes montagnes, celles de gauche couvertes de neige, celles de droite sombres, garnies de cactus et d'aloès. Cette vallée, peuplée d'orangers, de citronniers, lui doit son nom de « conque d'or ».

Des oliviers, de-ci, de-là, marient leur gris au vert sombre des orangers; l'effet par ce rayon de soleil, ce temps d'orage, est très curieux; la vue s'étend sur tout Palerme, en arc le long de la mer. Magnifique panorama.

Sur la route, deux fontaines monumentales de marbre : enfants jouant et monstres marins. Placées ainsi, elles ne manquent pas d'originalité.

Tout en marchant je pense à la différence de la cathédrale de Montreale à celle de Palerme, cette dernière, très belle extérieurement; l'autre, si brillante et si riche intérieurement.

A 6 heures, retour à Palerme; mais quel temps! quelle averse je reçus.

♥

Le Lundi, je fis une visite au consul français, M. le comte de Portalis. Le consulat est une propriété superbe, entourée d'un très beau jardin anglais. Je fus reçu d'une façon toute charmante; M. Portalis me donna tous les renseignements demandés et me fit voir sa très belle collection d'armes et de bibelots d'art.

❦

Après déjeuner, visite au Palais royal, près la Porta Nuova. Je remarque la vieille tour normande Santa Ninfa, puis, la magnifique chapelle palatine du XIIe siècle dont l'intérieur est entièrement couvert de superbes mosaïques. C'est d'une richesse inouïe. Ces mosaïques, traitées en sujets beaucoup plus petits, sont plus anciennes que celles de Montreale. La chaire et le trône en marbre blanc. Au second étage sont les portraits des vice-rois et les appartements du roi Roger, puis l'Observatoire.

❦

Promenade le long du port, d'où la vue est très belle sur les monts aux pics neigeux. Je continue à pied jusqu'au mont Pellegrino : comme il m'eût fallu cinq heures environ pour en faire l'ascension et visiter la fameuse grotte de Sainte-Rosalie, j'y renonçai.

❤

10 Février. Est-ce parce que c'est Mardi gras, mais il fait beau ! Je retourne à Montreale visiter le cloître. Il est grand, les colonnes cannelées sont de marbre jadis incrustées de mosaïques, les chapiteaux ornés de sujets très fins, de feuilles d'acanthe, les ogives très robustes.

Au milieu de ce beau cloître poussent des plantes exotiques, à l'entrée une fontaine.

Quelle variété de sujets dans tous ces chapiteaux ! Ils sont très ingénieux de composition : animaux fantastiques se tordant pour mordre les volutes; des arrangements d'ailes, des oiseaux, et tout très varié, jusqu'aux colonnes, rinceaux allégoriques, chasses au cerf, combats de Sarrasins, femmes au tombeau du Christ, des personnages assis; quatre colonnes d'angle très ornées.

De ce cloître, la vue est curieuse sur l'église et son campanile carré, la montagne et le vieux château (Castellacio). Dans le fond du cloître, quelques restes de fresques.

❤

Le soir, à Palerme, quelques illuminations à propos du Mardi gras, musique assourdissante; aux balcons quelques travestis, en somme, rien.

♥

Mercredi, le matin, je vais à San Catarina et San Cataldo, deux églises normandes : marbres de couleur, dorures, paysages, etc.; des colonnes énormes, monolythes, pas de très bon goût, même un peu barbare.

♥

Avant de quitter Palerme, il me faut parler des fameuses Vêpres Siciliennes qui furent sonnées dans une vieille église que l'on voit encore. Ce fut le signal d'une extermination générale des Français dans toute l'île, et par la faute de Charles d'Anjou, troisième frère de saint Louis, qui exerçait une tyrannie effrayante sur cette île. Le 30 mars 1282 est une date funèbre. Pierre d'Aragon succéda à Charles d'Anjou, batailles et combats continuèrent de plus belle. Charles fut vaincu et les Aragonais achevèrent la conquête de la Sicile. Quelque temps avant ces faits, saint Louis mourait de la peste sur la côte désolée de Tunis, à l'endroit où fut Carthage.

Le temps est de plus en plus mauvais ; j'abandonne Segeste et Selimonte et je dis adieu à Palerme, à cette grande cité toute pleine de souvenirs historiques très beaux dans l'antiquité, très sombres au Moyen-Age, de monuments remarquables qui marquent la trace du génie français dans cette île si tourmentée au point de vue historique et géologique.

De PALERME à MARSALA et à LA GOULETTE.

Le 11 février, après bien des pérégrinations fort intéressantes, je prends, pour une dernière fois en Italie (Sicile), le train qui doit me conduire à Marsala, d'où part le paquebot pour une autre terre, l'Afrique.

A une heure, par la pluie, je quitte Palerme. Nous longeons le mont Pellegrino. Près de Carini, le pays est sauvage ; le soleil revient, il fait assez beau. Je remarque le vieux château de Carini, très pittoresquement situé sur le flanc de la montagne, puis le beau golfe de Castellamare.

A 3 heures 1/2 nous sommes à Zucco, renommé pour ses vins; le duc d'Aumale y avait une magnifique propriété. Nous traversons un pont sur la Nocella et arrivons à Partinico, dominé par un énorme rocher rouge. Dans la vallée très accidentée de Castellamare poussent et fleurissent une grande quantité d'orangers.

Castellamare del Golfo. C'était jadis le port de Segeste, dont il ne reste que d'imposantes ruines de temples, de théâtres; j'ai le regret de les laisser. Ici, des dunes et des rochers très élevés, ayant beaucoup de caractère; ponts et tunnels.

Calatafimi, au fond d'un ravin et au pied du Bonifato qui domine la ville de 825 mètres de haut. Je salue cette ville qui épargna le sang des Français pendant les Vêpres Siciliennes. Le pays change brusquement d'aspect. Terres cultivées, mamelonnées. Le paysage devient mélancolique, pas une maison, rien! Ensuite des marécages et des terres incultes.

Il est 4 heures 1/2.

Castelvetrano. A 12 kilomètres de là sont les imposantes ruines de Selimonte, la rivale de Segeste, détruite par les Carthaginois. Segeste et Selimonte ont l'aspect de Pæstum, peut-être encore plus grandiose.

Enfin, à 8 heures du soir, nous arrivons à Marsala, sept heures pour faire 165 kilomètres ! Je donne ma valise à un gamin qui la porte sur sa tête, coutume du pays, et en route pour le bateau...

Avant d'arriver en gare, je regarde la campagne ; il fait froid et, au milieu des vignes, il y a de la neige. Donc, ce gamin me conduit par des chemins impossibles, où s'étale une boue grasse, sale, de neige fondue ; Dieu ! quel gâchis jusqu'au quai !

Le temps est noir, on ne distingue que des ombres allant, venant, parfois éclairées par la lumière vacillante des falots de marins, plutôt de brigands qui ont charge de nous conduire en barque jusqu'au vapeur assez éloigné en rade.

Dans la barque où je suis avec d'autres voyageurs, toute une histoire qui faillit devenir tragique. On nous demande à chacun pour nous conduire un prix impossible. Le patron de la barque crie, beugle, gesticule, toujours demandant ses cinq lires par personne, l'un de nous prend son revolver et menace cet entêté, pendant que d'autres le menacent également d'aller chercher les carabinieri (gendarmes), enfin, il se soumet et prend le tarif imposé, soit un franc.

Ces gens sont de fieffés pillards ; les gendarmes ou le revolver ont seuls raison de ces têtes enragées.

♥

Sur le bateau, avec beaucoup de difficulté, j'arrive à me réconforter un peu, depuis onze heures que je n'ai rien pris. A minuit, nous faisons route pour l'Afrique, Carthage, Tunis.

La mer est très mauvaise, j'en suis quitte pour le « mal de mer ». Néanmoins je fais la connaissance de deux Pères blancs, qui viennent de Rome et retournent dans leur monastère, situé à Carthage et fondé par le cardinal Lavigerie.

Je laisse donc, peut-être pour longtemps, derrière moi, cet immense musée qu'est l'Italie, ce pays admirable en souvenirs historiques et artistiques qu'est la Sicile, et cette race latine, fine, intelligente et brillante. Actuellement, les Italiens, pauvres au milieu de leurs richesses, vivent sur leur passé, insouciants, écrasés par les chefs-d'œuvre de leur Renaissance, par leurs antiquités romaines, étrusques, etc.

Sur cet autre pays, vers lequel je vais, race antique, aux mœurs bibliques, quelle sera mon impression ?

... Je songe à ces mille choses.

CARTHAGE

Le 13 février, à midi moins un quart, le cap Bon ou Ras-Addar, formant l'une des pointes du golfe de Tunis, se dessine très nettement; j'en fais un croquis arrêté. C'est au milieu de ce cap que Carthage et Utique tirèrent leurs matériaux pour la construction de leurs villes; il est peuplé actuellement de Maures et d'Andalous.

Nous entrons dans le grand et beau golfe de Tunis, laissant à droite l'emplacement où fut Carthage et, à 4 heures 1/2, nous sommes à La Goulette, le port de Tunis à cette époque.

Des noirs, des Arabes, de grands diables sautent incontinent sur nos valises, sans autre explication; pour mon compte, c'est un grand nègre, parlant sabir; il charge ma valise sur son épaule, gesticule et me conduit à un hôtel. Ma foi ! je n'ai qu'à le suivre et qu'à me louer de son service.

♥

Un peu remis de cette traversée, je vais faire une visite à un ami de mon père, qui m'invite à déjeuner pour le lendemain. Nous causons du pays qu'il connaît bien et me donne toutes sortes de renseignements.

Après cette visite, repos absolu, remettant au lendemain les promenades.

J'ai remarqué cependant, en entrant à La Goulette, les deux pavillons français et tunisien flottant l'un près de l'autre; cela me fit grand plaisir de me sentir au milieu de compatriotes, de revoir les couleurs françaises, et c'est avec émotion que je mis le pied sur cette terre amie, et je dis que c'est surtout loin des siens, loin de son pays, lorsqu'on revoit un coin de terre de France, tout là-bas, que l'idée de Patrie vous émeut, vous étreint fortement.

♥

Le lendemain matin, je vais par les rues. La Goulette n'a réellement rien de remarquable..

J'avise une petite caravane au repos, sept ou huit chameaux accroupis, déjeunaient tranquillement, quelques Arabes les surveillaient. J'étudie ce groupe car ils sont bien chez eux, ces animaux extraordinaires, et ont tout autre air que ceux que nous voyons isolés en Europe. J'en fis donc une étude puis allai au rendez-vous convenu, déjeuner.

♥

L'après-midi, il me tardait de voir Carthage. Je pris le train pour la Malga, station près de Byrsa ou Carthage.

Arrivé à ce village bâti sur l'emplacement de la fameuse Carthage, je montai directement sur le plateau de Byrsa, là était l'acropole de cette reine de la Méditerranée.

Un temple à Esculape jadis s'élevait là, et ce fut en cet endroit, 814 ans avant Jésus-Christ, que Didon fonda la ville, qui plus tard s'étendit au loin et devint une merveilleuse cité de 8 kilomètres de long sur 3 kilomètres de large. Rivale de Rome, elle soutint des luttes terribles avec cette dernière; les trois grandes guerres puniques, dans un cycle de cent quinze ans, en font foi. Elle finit par succomber, malgré un courage héroïque, malgré la valeur de ses grands hommes, tels qu'Annibal,

« Carthage portait toujours ombrage aux Romains qui ne pouvaient voir sans jalousie la beauté de ses ports, la force de ses vaisseaux, le nombre imposant de ses soldats. La nécessité de consommer la ruine de cette rivale leur semblait si évidente, que, sur quelque affaire que l'on opinât, Caton le Censeur concluait toujours par ces mots : *De plus, je pense qu'il faut détruire Carthage.* »

Ce qui fut fait après une dernière lutte de héros. Hommes, femmes, enfants, devinrent tous soldats et résolurent de mourir ou de vaincre (3me guerre punique). Trois fois l'armée romaine courut le risque d'être exterminée. Enfin, après quatre ans d'une résistance désespérée, après un assaut où l'on combattit six jours et six nuits, Scipion se rendit maître de Carthage, la rasa, l'incendia, le feu dura dix-sept jours entiers !

Ainsi finit cette superbe cité, et l'on vit, plus tard, Marius, général romain plébéien, chassé de sa patrie, pleurer sur ces ruines ; le gouverneur de la Lybie le sommant de se retirer, il répondit fièrement : « Dis à ton maître que tu
« as vu Caïus Marius assis sur les ruines de
« Carthage. »

Maintenant, sur le plateau de Byrsa, sur ces ruines de l'acropole carthaginoise, s'élève la cathédrale du cardinal Lavigerie chantant le triomphe du catholicisme sur la terre d'Afrique. Le monastère et le séminaire des Pères blancs se trouvent près de la cathédrale, et à l'endroit où saint Louis, ce conquérant mû par un autre ordre d'idée, mourut, emporté par la peste en 1270, est une chapelle ; son armée de croisés, campée au milieu des ruines de Carthage, fut anéantie également par le fléau. Que de souvenirs historiques sur ce coin de terre africaine, sans compter les invasions de Vandales, de Byzantins, d'Egyptiens, de Sarrasins, etc., etc.

♥

Je me dirige directement au monastère des Pères blancs ; on me fait pénétrer dans les jardins où se trouvent réunis quantité de débris d'architecture punique, colonnes, bas-reliefs, statues, inscriptions ; ce musée d'archéologie est des plus intéressant et instructif, l'imagination cherche à reconstituer avec ces débris tous les superbes palais, temples et monuments de jadis, mais c'est difficile !

La chapelle de Saint-Louis est environnée d'un parterre de verdure.

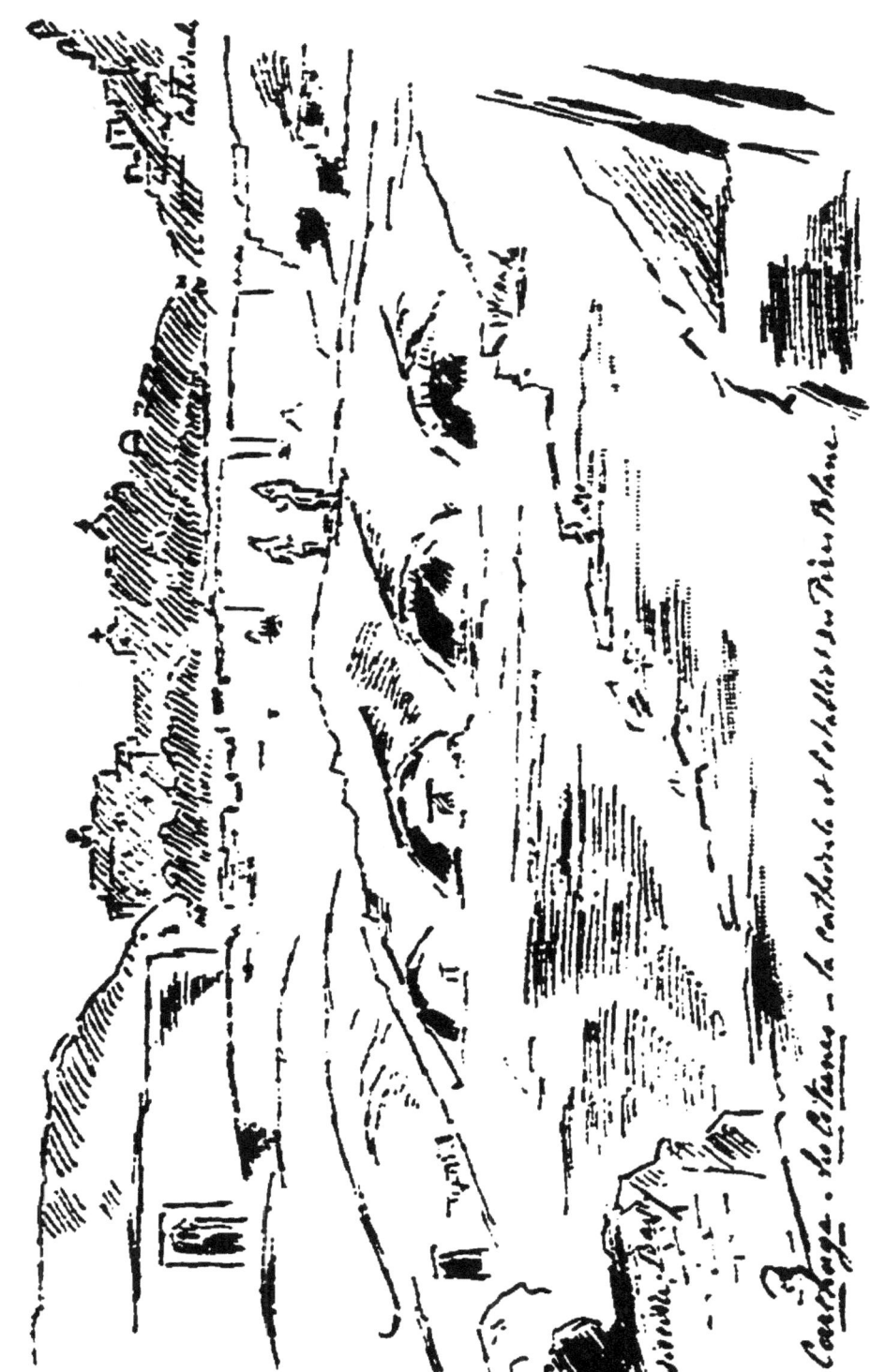

J'entre dans la cathédrale, de style oriental néo-byzantin. Elle se détache toute blanche, dominant l'emplacement primitif de Carthage.

Sous la conduite d'un Père, je visite les citernes puniques, creusées les unes à côté des autres, sorte de grandes caves cintrées; les Arabes y logent leurs bestiaux.

En vain l'on cherche l'ancienne cité; mais plus rien qu'un immense espace, semé de quelques villages, et ce plateau de Byrsa est habité maintenant par des moines, pionniers du christianisme en Afrique.

Comme près de toutes ruines, ici, les petits *arbis* courent après vous pour vous vendre des objets trouvés dans la terre. J'en suis un qui me conduit dans sa maison, et là, en effet, je puis voir quantité de débris antiques, fragments de sculpture, poteries, marbres, de toute origine, romaine et autre. Certains morceaux de statuaire marbre étaient fort intéressants, la grande difficulté de les envoyer en France me les fit laisser.

TUNIS

Voici cinq ou six jours que je suis assez confortablement installé dans un bon hôtel, à Tunis, avenue de la Marine, grande et belle avenue moderne bien européenne, allant de la porte de Tunis ou de la Mer au lac Bahira ou de Tunis, très grand lac, peuplé de magnifiques flamants roses et qui communique à la mer par le canal de La Goulette; aujourd'hui par le canal que l'on a creusé au milieu de ce lac, les vaisseaux arrivent presque à la porte de Tunis.

Donc, de la terrasse de mon hôtel, la vue est très belle sur ce lac et sur une montagne en face au-dessus de laquelle sont un fort et une petite mosquée toute blanche, renfermant le tombeau d'un saint très vénéré des musulmans.

Tunis est curieux, instructif, ayant conservé encore intacts ses murailles et son caractère de ville arabe. Cependant, quelques maisons modernes déparent toutes ces cases blanches en terrasses — et des tramways... Où aller pour ne pas en trouver ? !

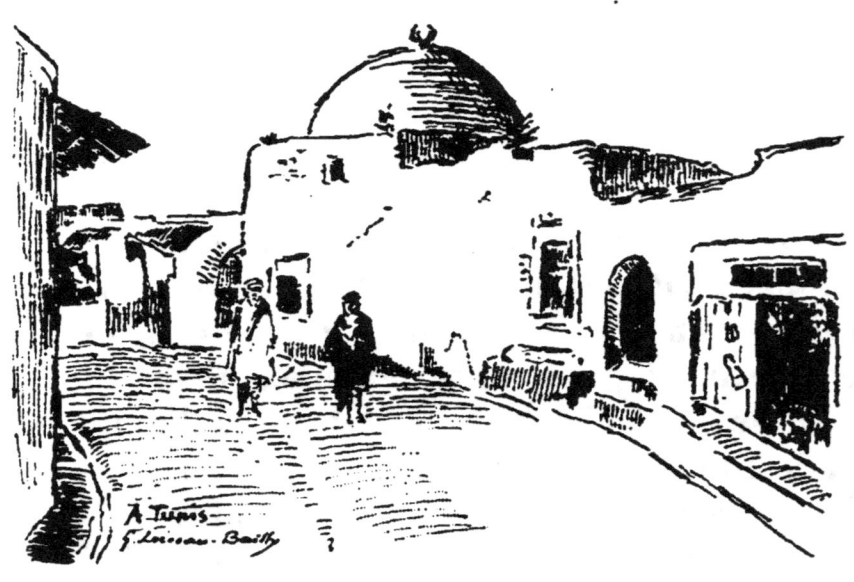

Visite aux *Souks*, rues marchandes, couvertes, éclairées simplement par des trous carrés de distance en distance. De droite et de gauche, marchands d'étoffes, d'armes, de tapis, de choses orientales,... même parisiennes ! Rues étroites, mal pavées, tortillardes, aux minuscules boutiques pittoresques, où des commerçants arabes, juifs, accroupis, essaient de vous écorcher terriblement si on n'y prend garde. Bref, quartier bien typique, plein de mouvement et de jolie couleur orientale. La lumière vive, éclatante, venant dis-je par les trous situés à la voûte, donne un aspect curieux de belles teintes, de demi-teintes et d'ombre à ces rues.

— Excursion au Bardo, le palais du bey. Agglomération d'un tas de baraques, environnées de murs fortifiés. Dans l'intérieur du Palais, quelques vastes salles, assez bien décorées. *L'escalier des lions*, très beau; au milieu du *patio* ou cour intérieure, une fontaine en albâtre, donne de la fraîcheur.

Tout est de marbre; de très jolies et élégantes colonnes, provenant de Carthage; dans un grand salon, des meubles Louis-Philippe!!

♥

Revu Carthage, quelques fouilles et les citernes, le théâtre antique; revu également La Goulette, d'où retour à Tunis.

♥

Dimanche. Je longe les murs de Tunis extérieurement ; j'entends une musique étrange sortir d'une maisonnette ; j'entre et vois assemblés là, des Aïssaouas, secte d'Aïssa ; ils avaient près d'eux des outres remplies de serpents de toutes dimensions, dansaient des rondes infernales autour de ces reptiles, les excitaient... ; la musique et les cris faisaient rage, mais les serpents engourdis, malgré les couvertures de laine, ne donnaient signe de vie, impossible de les charmer...

Ce spectacle assez barbare se termine par un autre qui n'est pas moins : par des pointes d'acier ces fanatiques religieux se traversent les muscles des bras, des jambes. Du haut du ciel, Mahomet et Aïssa doivent être satisfaits de tant de résistance à la douleur.

♥

Les costumes à Tunis sont vraiment curieux. Arabes, Juifs, Maures, Soudanais sont vêtus différemment.

Les Juives sont coiffées de petites calottes pointues et portent des culottes larges et bouffantes serrées au-dessus du pied *(seronal)* ; les pieds sont dans des babouches. Il y a de très jolies Juives, même de très belles ; elles portent beaucoup de bijoux, aiment les couleurs éclatantes.

Les Mauresques vont et viennent voilées ; les femmes mariées ont le voile noir, les jeunes filles le voile blanc *(kaïch)* qui leur cache complètement le visage. Tous leurs vêtements sont volumineux leur coiffure est pointue et en arrière.

A la Malga, je m'arrête près de petits Arabes jouant, qui excitent ma curiosité. Je prends d'eux quelques croquis, et les voici qui se mettent à pleurer ; saisi de pitié autant que d'étonnement, je rengaine mon album ; certains de ces gamins se sauvent... Pourquoi ?

J'entre dans une maison arabe, un chien furieux me montre une rangée de crocs peu rassurants ; cependant j'aperçois dans le fond de cette maisonnette un Arabe couché comme une bête, sa femme me fait voir des souvenirs, des débris provenant, naturellement de Carthage ; des gamins courent m'en chercher d'autres ; ces débris antiques sont pesants, je les leur laisse. Mais, vraiment, avec ces chiens sauvages, on n'ose entrer dans ces antres.

Un peu de soleil ! C'est bon ; on est assez surpris de ne pas en trouver davantage sur ce sol d'Afrique à cette époque.

♥

Aux environs de Tunis, de longues plaines. Je longe des cimetières musulmans et prends le croquis d'un très curieux fort espagnol démantelé. Une caravane passe près de là avec une théorie de chameaux.

19 février. La pluie se met de la partie; je n'ai pas, comme en Italie, la ressource des musées.

Le lendemain, je vais à Hammam-Lif; 17 kilomètres, bains de mer et station thermale; la plage est très grande, sable fin comme à Berck; l'on y jouit d'une très belle vue sur le golfe de Tunis. Monts assez élevés, sombres et rocailleux; je traverse une plaine couverte de palmiers nains, poussant là comme des ajoncs; quelques ruines antiques, romaines, — presque rien.

A 8 kilomètres plus loin, sur la route de Sousse, d'autres ruines romaines. Palais du bey. Plusieurs caravanes, le long de cette interminable route, vont en Tripolitaine; à travers ces longues plaines, les chameaux broutent ce qu'ils trouvent, pendant ce temps, les Arabes chassent:

tout cela est bien couleur locale. Il y a une forte brise de mer.

Je reviens, en compagnie d'un Luxembourgeois. Hammam-Lif est un commencement de plage qui, un jour, sera fréquentée. Je disais que la vue était très étendue sur la montagne (Djebel-Bou-Korneïn), sur Carthage, La Goulette, le cap Bon, sur quelques villages arabes, blancs comme neige.

♥

Avant de quitter Tunis, je revois plusieurs rues fort curieuses, quelques mosquées où il est impossible d'entrer; le croissant brille au-dessus des coupoles, du haut des minarets le muezzin chante longuement, appelant les fidèles à la prière.

Enfin, je quitte le 23 février, Tunis et Carthage, Tunis si varié, si coloré, entre ses deux lacs où s'ébattent les flamants roses. Je dis adieu à la place où fut cette puissante Carthage, aux ruines décevantes, et Utique plus loin, sa sœur ainée.

Continuant mes pérégrinations jusqu'à Alger, visite la seconde ville sainte de Tunisie, El Kef, curieusement bâtie dans un massif inextricable de montagnes, loin de toute communication, je termine ici, c'est-à-dire à Tunis, ces impressions, jetées au hasard, d'art et de voyage, — d'art pris sur nature, tel que mon œil le voyait, tel qu'en le moment je le sentais, — de voyage à travers des contrées propices aux émotions calmes et fortes ; sensations de jeunesse, d'amour du Beau dans toutes ses manifestations : Architecture, peinture, sculpture, paysages ; longues et douces rêveries dans cette Italie tant chantée, si poétique. Sa Renaissance, si affinée, si littéraire et surtout si artiste et notre belle terre d'Algérie et de Tunisie, aux grandes plaines, montagnes, ravins sauvages, aux peuplades encore fières et de mœurs antiques. A vous tout mon souvenir !

TABLE

La Grande-Chartreuse	6
La Maurienne. — Saint-Jean-de-Maurienne. — Sous le Mont-Cenis	13
Turin	21
Milan	24
La Chartreuse de Pavie	29
Venise. — Vue d'ensemble. — L'église Saint-Marc.	35
Le Palais des Doges. — Musées et églises. — Hier et aujourd'hui	41
Padoue	53
Bologne	56
Parme	60
Ravenne	62
Les Apennins	67
Florence	68
Michel-Ange	75
Fiesole	84
Les cloîtres Saint-Marc et dello Scalzo	87
Santa Croce	89
Le Bargello	91

L'Académie des Beaux-Arts	92
Prato	93
Pistoia. — Carrare	97
Pise	101
Lucques	103
Sienne	110
San Gimignano	118
De Sienne à Pérouse	122
Pérouse	127
Assise	133
La Campagne de Rome	140
Rome	141
Ça et là dans Rome	147
Nos derniers jours à Rome et autour de Rome	162
Orvieto	166
De Rome à Naples	175
Naples	181
Çà et là dans Naples et autour de Naples	186
Voyage à Pompéï	189
Le Vésuve	192
Ischia	195
Capri	198
Pæstum	204
De Naples à Messine	209
Sicile. — Messine	212
Taormina	214
Syracuse	223
Palerme	227
Autour de Palerme	234
De Palerme à Marsala et à La Goulette	240
Carthage	244
Tunis	251

TYPOGRAPHIE GAUTHERIN
286, rue de Vaugirard, 286
PARIS

www.ingramcontent.com/pod-product-compliance
Lightning Source LLC
Chambersburg PA
CBHW052245220526
45471CB00001B/194